MEMENTO

DE

L'INGÉNIEUR GAZIER

CONTENANT

SOUS UNE FORME SUCCINCTE

LES NOTIONS ET LES FORMULES

NÉCESSAIRES A TOUTES LES PERSONNES QUI S'OCCUPENT

DE LA FABRICATION ET DE L'EMPLOI DU GAZ,

PAR M. D. MAGNIER,

Ingénieur gazier.

PRIX : 75 CENTIMES.

PARIS

LIBRAIRIE ENCYCLOPÉDIQUE DE RORET,

RUE HAUTEFEUILLE, 12.

sont évidemment bien plus serrées (1), comme en effet l'ont pensé et établi tous les zoologistes sans exception, depuis Aristote jusqu'à Linné. Et si, dans ces derniers temps, M. G. Cuvier a fait autrement, ce qui, même de son vivant, n'a pas été accepté par tous les zoologistes, c'est que n'ayant jamais bien compris le grand principe de la subordination des caractères en zoologie, il s'est vu entraîné par l'influence que la chimie exerçait dans l'em-

(1) C'est au point que M. le professeur Van Beneden a proposé d'en revenir à la classification de Linné, encore bien plus que moi, puisqu'il réunit dans le même type les Malacozoaires et les Actinozoaires.

MEMENTO

DE

L'INGÉNIEUR GAZIER

MEMENTO

DE

L'INGÉNIEUR GAZIER

CONTENANT

SOUS UNE FORME SUCCINCTE

LES NOTIONS ET LES FORMULES
NÉCESSAIRES A TOUTES LES PERSONNES QUI S'OCCUPENT
DE LA FABRICATION ET DE L'EMPLOI DU GAZ.

PAR M.-D. MAGNIER,
Ingénieur gazier.

Extrait du Manuel de l'Éclairage et du Chauffage au Gaz,
de l'Encyclopédie-Roret.

PARIS
LIBRAIRIE ENCYCLOPÉDIQUE DE RORET,
RUE HAUTEFEUILLE, 12.
1866

MEMENTO

DE

L'INGÉNIEUR GAZIER

SYSTÈME MÉTRIQUE.

Mètre, unité de longueur. — *Are*, unité de superficie. — *Stère*, unité de volume des matières solides. — *Litre*, unité pour les liquides et les grains. — *Gramme*, unité de poids.

On fait précéder ces noms génériques des annexes suivants, pour indiquer une augmentation ou une diminution de l'unité :

Myria	signifie	10 mille,	*Déci*	signifie	dixième,
Kilo	—	mille,	*Centi*	—	centième,
Hecto	—	cent,	*Milli*	—	millième.
Déca	—	dix,			

RAPPORTS D'ANCIENNES MESURES FRANÇAISES ET DE MESURES ANGLAISES AVEC LES MESURES MÉTRIQUES.

Rapports des mesures linéaires.

1 pied linéaire français = 12 pouces = 144 lignes = $0^m.3248$
1 toise — = 6 pieds = $1^m.949$
1 pied lin. anglais = 1/3 de yard = 12 p° = 120 lig. = $0^m.3048$
1 mètre linéaire français = 3 p. 00, 11 lig. 296 français
— = 3 p. 03 p° 04 lig. anglais

1 pouce linéaire français = $0^m.027,06$.
1 — anglais = $0^m.025,40$.

1 yard impérial anglais = $0^m.9144$.
Fathom (anglais) = 2 yards.

1 *mile* anglais = 1609 mètres.
1 mille géographique ou mille marin français = 1852 mèt.
76 mètres = 39 toises.
19 — = 16 aunes.

Rapports des mesures de superficie françaises.

1 toise carrée = 36 pieds carrés = 3m.79,87,40 carrés.
1 pied carré = 144 po carrés = 0m.10,55,20 —
5 toises carrées = 19m carrés.
117 arpents = 40 hectares.

Rapports des mesures cubiques.

1000 pieds cubes français = 34m.277,133
1000 —— anglais = 28m.314,059
1 —— — = 0m.028,314,059.

1 mèt. cube = { 29 pieds, 300 pouc., 702 lig. cub. français.
{ 35 — 549 — 1533 — anglais.

1 *gallon* anglais = 4 litres 5434.

Rapports des poids français.

Les anciennes mesures françaises de poids étaient :

La livre-poids qui valait	2 marcs	=	0kil.4895
Le marc	— 8 onces	=	0 2447
L'once	— 8 gros	=	30gram.59
Le gros	— 72 grains	=	3gram.82
Le grain	— 24 primes	=	0gram.053
La prime	—	=	0gram.0022.

Le gramme = 19 grains.

Rapports des poids anglais.

Weigh = 256 livres avoir-du-poids anglaises.

1 livre *avoir-du-poids* = 16 onces = 0kil.453,4
1 once — = 16 drams = 0 028,34
1 dram — = 0 001,77
1 *livre troy* = 12 onces = 0kil.373,0956
1 once — = 12 grains = 0 031,0913
1 grain — = 0 000,065

1 quintal anglais = 50kil.782,46
Tun = 20 quintals = 1015kil.646

Chaldron = 2 tuns $^{13}/_{20}$ = 53 quintals = 2690 kilog.
Keel = 21 tuns $^{4}/_{20}$ = 8 chaldrons = 21520 —

Poids des apothicaires anglais. — 20 grains = 1 scruple. 8 scruples = 1 drachm. 8 drachms = 1 once. 12 onces = 1 pound (livre).

Rapports des prix du gaz en mesures et en monnaies anglaises et françaises, en comptant le shilling pour 1 fr. 25 (1000 p. c. = 28 mèt.31406).

1000 pieds cubes anglais.		1 mètre cube.
1 shilling	=	4cent.415
2 id.	=	8 . 830
3 id.	=	13 . 244
4 id.	=	17 . 659
5 id.	=	22 . 074
6 id.	=	26 . 489
7 id.	=	30 . 903
8 id.	=	35 . 318
9 id.	=	39 . 733
10 id.	=	44 . 148

Signes algébriques. — Le signe — signifie *moins;* + signifie *plus*; = signifie *égal à;* × signifie *multiplié par;* —, placé entre deux chiffres écrits l'un au-dessous de l'autre, signifie *divisé par.*

Pour la multiplication, on peut encore, au lieu de $a \times b$, écrire $a.b$ ou simplement ab sans interposer de signe entre les lettres. Mais l'interposition de signe est toujours nécessaire pour les nombres, afin qu'on ne confonde pas, par exemple, le produit de 2×4 (2 par 4) ou 8 avec le nombre 24.

Pour la division, au lieu de $\frac{a}{b}$, on peut écrire $a : b$. La première notation est la plus usitée.

Coefficient. — Signe que l'on emploie pour exprimer qu'un nombre représenté par une lettre doit être ajouté à lui-même plusieurs fois. Ainsi on écrit $5a$ au lieu de $a+a+a+a+a$.

Exposant. — Est le degré de la puissance à laquelle une quantité se trouve élevée. Ainsi on pose $a^5 = aaaaa$. Au lieu d'écrire *le carré de* 12, on écrit 12^2; au lieu d'écrire *le cube de* 12, on écrit 12^3.

Le signe *radical* $\sqrt{}$ indique le degré d'une racine à extraire : ainsi $\sqrt[7]{a^3b^2c}$ représente la racine septième de la quantité a^3b^2c. $\sqrt{}$ signifie *racine carrée*, et $\sqrt[3]{}$ signifie *racine cubique*.

Le signe d'inégalité $>$ tourne sa pointe vers la quantité la plus petite. Ainsi $a > b$ se prononce *a plus grand que b*, et $a < b$, *a plus petit que b*.

On représente ordinairement les quantités connues par les premières lettres de l'alphabet, a, b, c... ou A, B, C..., et les inconnues par les dernières lettres x, y, z, t, u, v.

Des quantités analogues sont souvent désignées par les mêmes lettres avec un ou plusieurs accents. Ainsi a', a'', a''', a'''' (*a prime, a seconde, a tierce, a quarte*) sont des quantités analogues à a; x', x'', x''', x'''' sont des quantités analogues à x. — On emploie encore souvent dans le même but les *indices* 1, 2, 3..., comme dans x_1, x_2, x_3, que l'on nomme *x indice* 1, *x indice* 2, *x indice* 3, etc.

x, nombre inconnu. π, rapport du diamètre à la circonférence $= 3,141592653...$

La *progression arithmétique* (÷) est une suite de nombres telle que la différence entre chacun d'eux est toujours la même. Cette différence constante se nomme la *raison* de la progression. Ainsi la suite des nombres

÷ 3. 4 1/2. 6. 7 1/2, etc.,

est une progression arithmétique *croissante* dont la raison est 1 1/2.

La progression suivante est *décroissante :*

÷ 7 1/2. 6. 4 1/2. 3.

La *progression géométrique* (∺) est une suite de nombres telle que la différence entre chacun d'eux double toujours le précédent :

∺ 1 : 2 : 4 : 8 : 16 : etc

On indique la progression arithmétique et la progression géométrique (croissante ou décroissante) comme ci-dessus.

TABLE DES NEUF PREMIERS MULTIPLES

	de π	de $\frac{1}{\pi}$
1	3.141 5927	0.318 31
2	6.283 1853	0.636 32
3	9.424 7786	0.954 93
4	12.566 3706	1.273 24
5	15.707 9633	1.591 55
6	18.849 5559	1.909 86
7	21.991 1486	2.228 17
8	25.132 7412	2.546 48
9	28.274 3339	2.864 79

Cette table sert à obtenir par voie de simple addition les valeurs numériques des expressions où π entre comme multiplicateur ou comme diviseur. Ainsi, pour trouver le rayon r d'une circonférence c dont la longueur est de $24^{m}.30$, on prend la formule

$$r = \frac{c}{2\pi} = \frac{1}{2} \cdot \frac{24^{m}.3}{\pi}$$

Or, d'après la table, on trouve :

1°	20	$: \pi = 6,3632$
2°	4	$: \pi = 1,2732$
3°	0.3	$: \pi = 0,0955$

D'où $2r = 7,7319$ et $r = 3^{m}.8659$

SURFACES PLANES.

Triangles. — Dans tous les triangles rectangles (qui ont deux côtés perpendiculaires), $S = \frac{BH}{2}$. Pour les autres triangles, il faut les ramener à deux triangles rectangles (fig. 25 et 26). Pour arpenter un terrain, on le décompose en triangles (fig. 27).

Carré. — $S = B.H.$

Trapèze isocèle. — $S = \frac{B+b}{2} \times H$ (fig. 35).

Cercle. — La circonférence $= D\pi$. La surface $S = R^2\pi$.

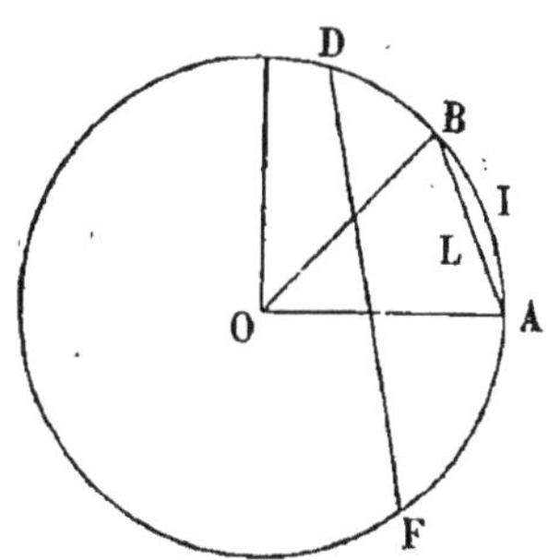

Le *rayon* du cercle est la ligne du centre O à la circonférence. — Le *diamètre* est le double du rayon. — Le rapport du diamètre à la circonférence π est un peu plus que le triple : $\pi = 3{,}141\ 59$. — La *corde* DF est une ligne qui divise le cercle en deux parties inégales, que l'on nomme segments. — La *ligne tangente* est celle qui touche un seul point de la circonférence. — La *ligne sécante* est celle qui traverse le cercle sans s'arrêter à la circonférence *kl*, fig. 11. — Le *segment d'un cercle* est la partie comprise entre une *corde* DF et un *arc* DBIAF. — Le *secteur d'un cercle* est la partie du cercle comprise entre un arc BIA et deux rayons OB, OA.

Surface du secteur AIBO $= \frac{R}{2} \times a$, *a* étant l'arc AIB.

Surface du segment AIBL = surface du secteur moins le triangle OBLA.

Surface de l'espace BAFD = la différence des 2 segments DIF et BIA. Cet espace prend le nom de *zône circulaire*, lorsque les cordes DF et BA sont parallèles.

Ellipse. — Le *contour* de l'ellipse égale la demi-somme des deux axes multipliée par π : $c = \pi \left(\frac{A+a}{2}\right)$.

La *surface* de l'ellipse s'obtient en divisant la demi-somme des deux axes par 2, ce qui donne le rayon $\left(\frac{A+a}{4}\right)$, et en multipliant le carré de ce rayon par π.

SURFACES DES SOLIDES.

Cubes. — Si les 6 faces sont égales, on multiplie la surface de l'une d'elles par 6 pour avoir la surface du cube.

Au lieu de l'*hexaèdre*, ou cube parfait ci-dessus, si le

cube est plus haut que large ou plus large que haut, il faut faire autant d'opérations qu'il y a de faces inégales, et additionner.

Cylindre. — $S = \pi DH$.

Sphère. — $S = \pi D^2$.

Calotte. — La surface égale la circonférence d'un grand cercle multipliée par la hauteur $S = \pi DH$.

VOLUMES DES SOLIDES.

Cube. — On multiplie l'aire de la base par la hauteur.

Cylindre. — $V = \pi R^2 H$.

Sphère. — Le volume d'une sphère égale le produit de sa surface multiplié par le 1/3 du rayon.

Cône. — Le volume d'un cône égale le produit de la surface de sa base par le 1/3 de sa hauteur : $V = S \times \frac{H}{3}$.

Segment sphérique. — Le segment sphérique équivaut à la moitié du cylindre de même base et de même hauteur, plus la sphère dont cette hauteur est le diamètre.

Surfaces et volumes des gazomètres.— Rapport entre le diamètre, la circonférence et l'aire d'un cercle.

DIAMÈTRE.	CIRCONFÉRENCE	AIRE.
1m.128 4	3m.545	1m.
1 595 8	5 013	2
1 954 4	6 140	3
2 256 8	7 090	4
2 523	7 927	5
5 046	15 853	20
1	3 141 5	0 78 53 97
2	6 283	3 14 15 93
3	9 425	7 06 85 77
4	12 566	12 56 63 68
5	15 708	19 63 49 37
6	18 850	28 27 43 10
7	21 991	38 48 44 77
8	25 133	50 26 54 40
9	28 274	63 61 71 97
10	31 415	78 53 97 50

Surface du gazomètre = CH + A.

Contenance du gazomètre = AH.

C, circonférence, H, hauteur du gazomètre, A, aire.

Au lieu d'un fond plat, le gazomètre a ordinairement une calotte.

Levier. — La puissance et la résistance sont entre elles en raison inverse de leurs bras de levier.

Dans un *treuil*, la puissance est à la résistance comme le rayon du cylindre est au rayon de la roue.

Poulie. — Quand une corde est attachée à un point fixe, qu'une *poulie mobile* portant un fardeau se meut sur cette corde, qui passe encore sur une autre poulie fixe avant de communiquer avec la puissance, la puissance ne doit être que la moitié du poids auquel on veut faire équilibre.

Une moufle est un système de poulies où, s'il y a trois poulies mobiles, une puissance peut équilibrer une résistance dont elle n'est que le sixième, etc.

Cordes en chanvre. — La rupture est précédée d'un allongement de 1/6 à 1/10. Une corde goudronnée n'a que les 2/3 ou les 3/4 de la résistance d'une corde sèche semblable. Une corde mouillée perd 1/3 de sa force. — Un mètre de corde de chanvre ayant 0m.076 de circonférence (24 millim. 1/2 de diamètre), absorbe environ 0 kil.120 d'eau, et se raccourcit de 0m.013.

Les cordages se composent de fils appelés *fils de caret*, dont le diamètre varie de 1 à 6 millim., et qui sont fabriqués en brins de chanvre de diverses longueurs. La *ficelle* n'est composée que de 2 fils de caret cordés ensemble. Les *merlins* ou *lignes* sont formés de 3 fils de caret. Le *touron* est une petite corde qui peut être formée depuis 2 jusqu'à 90 fils de caret. Les tourons cordés ensemble forment des cordes appelées *haussières*, dont le diamètre varie de 90 à 186 millimètres. Plusieurs haussières tordues ensemble forment un *grelin*.

Pour avoir le poids d'un mètre de longueur d'un cordage en kilog., il faut multiplier le carré de la circonférence, exprimé en centimètres, par le nombre 0,0826.

La résistance à la rupture, d'après Duhamel, est proportionnelle au carré du diamètre. En représentant par d le diamètre d'une corde, *exprimé en centimètres*, on pourra représenter la force nécessaire pour la rompre par 400 kilog. $\times d^2$.

D'après Coulomb, les cordes portent jusqu'à 50 et 60 kil. par fil de caret (fil élémentaire de 8 millimètres de diamètre environ, filé directement et tordu avec d'autres fils de caret, pour former la corde). On ne doit jamais compter que 40 kilog. pour la rupture.

N. B. Le poids à faire supporter avec sécurité à une corde en chanvre ordinaire est moitié *au plus* du poids nécessaire pour la rompre.

Cordages en fil-de-fer. — L'amirauté anglaise a fait dresser le tableau suivant qui résulte d'expériences faites à l'arsenal de Woolwich :

Charge de rupture.	Nature du cordage.	Circonférence.
8120 kil.	Fil-de-fer.	0m.051
	Chanvre.	0 127
24360 —	Fil-de-fer.	0 102
	Chanvre.	0 254
54810 —	Fil-de-fer.	0 152
	Chanvre.	0 381
3633 —	Fil-de-fer.	0 031
9325 —	Id.	0 069
15854 —	Id.	0 076

N. B. La force pour l'emploi est calculée, par MM. Colliau, fabricants, au sixième de l'épreuve.

Ce qu'on gagne en force, on le perd en vitesse. — Dans un levier, les forces sont entre elles dans le rapport inverse des bras de levier. Si le bras de levier de la puissance est double, triple, quadruple de celui de la résistance, on pourra bien faire équilibre à une résistance deux fois, trois fois, quatre fois plus grande ; mais le chemin parcouru par le point d'application de la puissance sera deux fois, trois fois, quatre fois plus grand que celui que parcourra dans le même temps le point d'application de la résistance.

Dans la poulie mobile à cordes parallèles, la puissance n'est que la moitié du poids à soulever ; mais aussi, pour que le poids monte d'une certaine quantité, il faut que la main qui tire la corde parcoure dans le même temps une longueur double.

Dans une moufle à trois poulies mobiles, la force de traction appliquée à la corde n'est que la sixième partie du poids à soulever; mais pour que ce poids monte de 10 centimètres, il faut que la main qui tire le bout de la corde ait marché de 60 centimètres.

Dans le cric, dans la chèvre, dans le treuil, dans la presse hydraulique, en un mot dans toutes les machines, *on perd toujours en vitesse ce qu'on gagne en force*. C'est ce qu'ignorent les chercheurs du mouvement perpétuel dont la découverte n'est pas seulement impossible à l'homme, mais d'une impossibilité absolue.

Unité dynamique, kilogrammètre. — Unité qui exprime la quantité de travail développé pour élever un corps pesant 1 kilog. à 1 mètre de hauteur.

Le travail développé par l'élévation d'un corps pesant 8 kilog. à 3 mètres de hauteur est égal à 24 unités dynamiques ou 24 kilogrammètres, et on le désigne, en abrégé, par 24^{km}.

Cheval-vapeur. — Force qui est nécessaire pour élever d'un mouvement continu un poids de 75 kilog. à 1 mètre de hauteur en 1".

Supposons que le travail qu'une machine effectue en une heure soit de 1,620,000 kilogrammètres. En une minute la machine produira 60 fois moins, c'est-à-dire 27,000 kilogrammètres; en une seconde, elle produira encore 60 fois moins, c'est-à-dire 450 kilogrammètres. Cette machine est donc capable d'élever 450 kilogrammes à 1 mètre de hauteur en 1 seconde de temps. Divisant 450 par 75, on obtient 6; alors on dit que la machine a une force de 6 chevaux.

Puissance calorifique de la houille. — Les quantités de chaleur émises par les combustibles sont proportionnelles aux quantités d'oxygène qu'ils absorbent en brûlant.

Si on mélange intimement 1 gramme d'un combustible

avec un grand excès de litharge (PbO), à laquelle il emprunte l'oxygène qui lui est nécessaire pour brûler, lorsqu'on soumet le mélange à une haute température en vase clos, la quantité d'oxygène cédée par la litharge laisse un culot de plomb dont le poids est proportionnel à celui de l'oxygène cédé, et, par suite, à la puissance calorifique. — L'inspection des poids des culots de plomb laissés par deux charbons permet de comparer leur richesse calorifique respective.

1 gramme de carbone pur, transformé en acide carbonique, donne un culot de plomb de 34 gr.52.

1 gramme d'hydrogène laisse un culot de 103 gr.56.

(Ces chiffres sont donnés par les équivalents. — Voir, pour l'analyse de la houille, t. 1er, p. 326.)

Rendement de 100 kilog. de houille. — 23 mètres de gaz ; — 63 kilog. de coke (1 hectol. 1/2) ; — 6 kilog. de goudron ; — 8 lit. d'eaux ammoniacales ; — 1/3 du coke consommé pour chauffage.

Moteurs appliqués à une machine. — L'homme est le moteur dont la force peut être appliquée avec le plus de variété. Le mode d'action du cheval se réduit à tirer horizontalement. La vapeur est un moteur infiniment puissant et qui ne se fatigue pas.

1 kilog. de houille vaporise 7 à 8 kilog. d'eau. 1 kilog. de vapeur fournit 30,000 kilogrammètres de travail utile. D'où la consommation de la houille, par force de cheval et par heure, est d'environ 1k.2 (dans les bonnes machines à détente et à condensation).

Un homme, sur une roue à chevilles, effectue une quantité de travail, dans une journée de 8 heures, qui va jusqu'à 259,000 kilogrammètres, disons 32,275 kilogrammètres à l'heure ; en tournant une manivelle, 21,500 kilogrammètres.

Un cheval à un manège effectue un travail de 150,000 kilogrammètres à l'heure. Un bœuf presque autant. Un âne un peu plus du quart. (*Voir le tableau suivant.*)

Table des effets utiles journaliers que peuvent produire les moteurs animés dans le transport horizontal des fardeaux, sur des chemins ordinaires, abstraction faite du poids des machines et outils servant au transport (NAVIER).

NATURE DU TRANSPORT.	POIDS transporté.	VITESSE ou chemin par seconde	EFFET UTILE par seconde exprimé en kilog. (élevé à 1 mètre).	DURÉE de l'action journalière	EFFET UTILE par jour.
	kilog.	mètres.	k × m	heur.	k × m
Un manœuvre transportant des matériaux dans une petite charrette ou camion à deux roues et revenant à vide chercher de nouvelles charges.	100	0.30	30	10	1 800 000
Un manœuvre transportant des matériaux dans une brouette et revenant à vide chercher de nouvelles charges.	60	0.30	30	10	1 080 000
Un homme voyageant en portant des fardeaux sur son dos.	40	0.75	30	7	756 000
Un manœuvre transportant des matériaux sur son dos et revenant à vide chercher de nouvelles charges. .	65	0.50	32.5	6	702 000

NATURE DU TRANSPORT.	POIDS transporté.	VITESSE ou chemin par seconde	EFFET UTILE par seconde exprimé en kilog. (élevé à 1 mètre).	DURÉE de l'action journalière	EFFET UTILE par jour.
Un manœuvre transportant des fardeaux sur une civière et revenant à vide chercher de nouvelles charges.	50	0.33	16.5	10	594 000
Un manœuvre employé à jeter de la terre au moyen de la pelle, à 4 mètres de distance horizontale. . . .	2.7	0.68	1.8	10	64 000
Un cheval transportant des fardeaux sur une charrette, et marchant au pas continuellement chargé. .	700	1.10	770	10	27 720 000
Un cheval attelé à une voiture et marchant au trot continuellement chargé.	350	2.20	770	4 5	12 474 000
Un cheval transportant des fardeaux sur une charrette au pas, et revenant à vide chercher de nouvelles charges.	700	0.60	420	10	15 120 000
Un cheval chargé sur le dos et allant au pas.	120	1.10	132	10	4 752 000
— — au trot	80	2.20	176	7	4 435 000

Epuisement des eaux. — Effet utile d'une journée de huit heures en kilogrammètres. (Morin.)

Baquetage à bras avec un seau léger. .	46,000 km.
Ecopes ordinaires.	48,000
Seaux à bascule si le puits a 2 à 3 mètres.	60,000
Seau avec corde et poulie dans un puits ordinaire..	77,000
Seau avec treuil à volant et à manivelle dans un puits très-profond..	170,000
Chapelet incliné, un homme agissant à une manivelle qui ne doit pas faire plus de 30 tours à la minute	68,000
Id. un cheval	449,000
(La vitesse du chapelet ne doit pas excéder 1m.50 en 1 minute).	
Chapelet vertical, un homme à la manivelle.	115,000
Id. un cheval.	647,000
Manége des maraîchers, 1 homme. . . .	200,000
Id. 1 cheval ou mulet.	1,166,000
Id. 1 bœuf.	1,120,000
Id. 1 âne.	334,000
Vis d'Archimède, 1 homme.	100,000

Le diamètre extérieur de la vis d'Archimède est ordinairement 1/12 de la longueur de la vis, le diamètre du noyau est 1/3 du diamètre extérieur. Il doit y avoir trois spires entières, dont la trace sur l'enveloppe fait avec l'axe un angle de 67 à 70°. L'inclinaison la plus favorable de l'axe de la vis à l'horizon est de 30 à 45°.

Quand une source d'eau est abondante, le meilleur moyen est d'employer la vapeur. On vient souvent à bout d'une source avec du ciment ou un tuyau de plomb. (Voir *Construction des Cuves*, p. 103, t. Ier.)

Brouettes. — La *brouette française* a sa caisse presque rectangulaire ; la jante de la roue est large et plate. Elle ne peut pas se décharger sans se retourner presque complétement.

La *brouette anglaise*, dont les parois sont très-évasées, les côtés très-inclinés, et n'ayant que peu de hauteur, se décharge en l'inclinant sous un angle de 45 degrés, ce qui peut se faire en la laissant porter sur la roue, sans que l'homme se déplace et se dessaisisse des brancards; de telle sorte que ce déchargement peut s'effectuer très-promptement, et par un ouvrier placé sur une planche très-étroite.

Le diamètre de la roue est le même dans les deux brouettes. La capacité est aussi la même. Le centre de gravité de la charge se trouve placé, relativement à la roue et aux extrémités des brancards, exactement de la même manière.

La roue de la brouette anglaise est en fonte, au lieu d'être en bois. Son moyeu est terminé en pointe et lui sert d'axe; la jante n'a que $0^m.025$ d'épaisseur et est terminée par une surface arrondie, tandis que dans la brouette française, elle est large de $0^m.05$ et plate.

Relais. — La longueur du relai est ordinairement d'environ 30 mètres; mais sur des rampes inclinées au dixième ou au douzième, elle n'est que de 20 mètres environ.

Pression des liquides. — La *pression supportée par le fond* d'un vase, *quelle que soit la forme du vase*, est égale au poids du cylindre du liquide qui aurait pour base le fond du vase, et pour hauteur celle du liquide au-dessus du fond.

Les *pressions contre les parois latérales du vase* sont proportionnelles à la hauteur du liquide; la pression est nulle à la surface du liquide, mais chaque tranche horizontale du liquide est soumise *sur tous les points* à la même pression qui augmente en raison de l'éloignement de la surface libre du liquide, ce qui fait que chaque point de la surface latérale du vase est d'autant plus pressé qu'il est plus éloigné du niveau du liquide (fig. 73).

Dans les vases communiquants, le liquide en repos est

de niveau. On peut faire équilibre à une colonne d'eau aussi large que l'on voudra, par une colonne d'eau de très-petit diamètre. Et une pression exercée sur la surface du liquide d'un des vases se transmettra sans altération sur tous les points de la surface du liquide de l'autre vase communiquant. C'est le principe de la presse hydraulique.

Quand les surfaces libres d'un liquide, dans les vases communiquants, sont en contact avec des gaz dont les forces élastiques sont différentes, les surfaces du liquide sont inégales. C'est le principe du manomètre.

Mesure de la vitesse de l'eau. — Pour mesurer la vitesse de l'eau dans une rivière à une profondeur quelconque, on se sert du *moulinet* de Woltmann, qui consiste en une petite roue formée de plusieurs ailettes planes qui sont fixées aux extrémités d'autant de bras implantés sur un arbre horizontal. (Voir *Mécanique de M. Delaunay*, p. 453.) Si, par exemple, on sait que le moulinet fait 8 tours dans une seconde, lorsque la vitesse de l'eau est de 1 mètre par seconde, et que dans une expérience on ait trouvé que le moulinet faisait 20 tours dans une seconde, on en conclura que la vitesse de l'eau qui le mettait en mouvement était de 2m.5 par seconde.

Si l'on veut se contenter de mesurer la vitesse à la surface, il suffit de se servir d'un corps qu'on fera flotter sur l'eau sans presque en sortir (pains à cacheter), et de déterminer le nombre de secondes qu'il emploie à parcourir une distance connue.

Jaugeage d'un cours d'eau. — Le moyen le plus simple qu'on puisse employer pour jauger un cours d'eau, c'est-à-dire pour mesurer la quantité d'eau qu'il fournit en une seconde, consiste à multiplier la surface de la section transversale de la masse liquide par la *vitesse moyenne* qu'elle possède dans le voisinage de cette section. Voici un tableau, résultant d'expériences faites par Dubuat, qui donne la vitesse moyenne correspondant à diverses valeurs de la vitesse à la surface.

VITESSE à la surface.	VITESSE moyenne.	VITESSE à la surface.	VITESSE moyenne.
mèt.	mèt.	mèt.	mèt.
0.20	0.15	2 20	1.88
0.40	0.31	2.40	2.06
0.60	0.47	2.60	2.25
0.80	0.64	2.80	2.43
1.00	0.81	3.00	2.62
1.20	0.98	3.20	2.81
1.40	1.16	3.40	3.00
1.60	1.34	3.60	3.18
1.80	1.52	3.80	3.37
2.00	1.70	4.00	3.56

La vitesse de la Seine aux environs de Paris est de $0^{m}.60$ à $0^{m}.65$. Les vitesses du Rhône et du Rhin sont d'environ 2 mètres, et s'élèvent même à 4 mètres dans les fortes crues.

Pouce fontainier ou *pouce d'eau.* — C'est la quantité d'eau qui coule, en une minute, par un orifice circulaire d'un pouce de diamètre, percé dans une paroi verticale, avec une charge d'eau de sept lignes sur le centre de l'orifice, ou d'une ligne au-dessus de son point culminant. Le volume d'eau qui s'écoule dans de telles circonstances est de 14 pintes anciennes de Paris, ou 672 pouces cubes par minute; ce qui revient à $19^{mc}.2$ en 24 heures. Un demi-pouce d'eau est la quantité d'eau qui s'écoule par un orifice d'un demi-pouce de diamètre dont le centre supporte également une pression de 7 lignes. D'où il résulte qu'en volume ou en poids, le demi-pouce est véritablement le quart du pouce.

Le *pouce métrique*, ou module de Prony, est calculé sur la quantité d'eau qui s'écoulerait par un ajutage cylindrique ayant : longueur $0^{m}.017$, diamètre $0^{m}.02$, et une charge d'eau sur le centre de $0^{m}.05$ (20 mètres cubes en 24 heures).

Anémomètre, *pour mesurer la vitesse d'un courant*

d'air. — L'anémomètre de M. Combes, qui sert à mesurer la vitesse d'un courant de gaz ou d'air, est un instrument analogue au moulinet de Woltmann, dont il vient d'être question ; mais il est construit avec une très-grande légèreté, et approprié à l'usage spécial auquel il est destiné. L'emploi de cet instrument est d'ailleurs entièrement pareil à celui du moulinet. (Voir *D*[re] *des Arts et Manufactures*, article *Ventilation*.)

Le tableau suivant indique la vitesse que possèdent les molécules d'air dans les diverses espèces de vents. (Delaunay.)

DÉSIGNATION DES VENTS.	VITESSE par seconde.
Vent seulement sensible.	1m.
Vent faible.	2
Vent *frais* ou *bise* (tend bien les voiles). .	6
Vent le plus convenable aux moulins. . . .	7
Bon frais, très-bon pour la marche en mer.	7
Grand frais, fait serrer les hautes voiles.	12
Vent très-fort.	15
Vent impétueux.	20
Grande tempête..	27
Ouragan.	36
Ouragan qui renverse les édifices.	45

Pressions exercées par le vent sur une surface de 1 mètre carré frappée perpendiculairement.

Vitesse du vent par seconde.	Pressions en kilogrammes.
3m.00..	1kil.047
5 00.	2 908
8 00.	7 443
10 85.	13 691
14 00.	22 795
20 00.	46 520
40 00.	186 080

Pendule à secondes. — Il est très-facile de construire un pendule, partout où l'on se trouve, pour mesurer très-exactement la durée d'un phénomène. Il suffit d'attacher une balle de plomb ou une bille à l'extrémité d'un fil délié, et de suspendre ce fil de manière que la distance du point de suspension au centre de la balle ou de la bille soit de 0m.994. La durée de chaque oscillation est de 1″. Si l'on voulait un pendule qui fît chaque oscillation en une demi-seconde, il faudrait lui donner une longueur quatre fois plus petite, c'est-à-dire 0m.2485.

La durée des oscillations qui sont *très-petites* est indépendante de leur amplitude. On dit qu'elles sont isochrones, pour exprimer qu'elles se font toutes dans le même temps. Les oscillations de 4 ou 5 degrés d'amplitude ne sont plus des oscillations très-petites, elles commencent à avoir une durée sensiblement plus grande. — La durée des oscillations est tout-à-fait indépendante du poids de la boule et de la nature de sa substance.

Densité (*pesanteur* ou *poids spécifique*). — Le rapport des poids, sous le même volume, tant des gaz que des vapeurs par rapport à l'air, que des corps solides ou liquides par rapport à l'eau, est ce qu'on nomme leur densité $\left(D = \frac{P}{V}\right)$.

Pour les solides et les liquides, les densités sont comme les poids.

Pour les gaz et les vapeurs, lorsque leurs densités, par rapport à l'air, sont connues, il est facile d'en déduire les poids, en multipliant la densité par 1.2995 (poids d'un litre d'air).

Atmosphère. Pression. — La pression atmosphérique est égale à 1 kil.033 sur chaque centimètre carré.

La pression atmosphérique est représentée par une colonne d'eau de 10m.33 ou par une colonne de mercure de 76 centimètres.

Si la différence de niveau du mercure dans les deux branches d'un manomètre est de 0m.76, la pression exercée par un fluide est de 2 atmosphères ; si cette différence de niveau est de 2 fois $0^m.76$, la pression est de 3 atmosphères, et ainsi de suite.

Pression effective de la vapeur ou du gaz, veut dire l'excès de la pression intérieure de la vapeur ou du gaz sur la pression atmosphérique extérieure. — Pour le gaz, c'est toujours une pression effective de quelques millimètres d'eau. (V. *volume du gaz suivant la pression.*)

Transmission des pressions dans les gaz. — Une masse gazeuse n'est pas, comme une masse liquide, incompressible. Sous l'action d'un effort, le gaz se comprime et son volume se réduit. Si la force n'est pas assez grande, le gaz repousse le piston ; si elle est trop grande, le gaz se comprime.

Dans les liquides, la résistance par les frottements ne varie pas dans un rapport aussi grand que les carrés des vitesses ; mais pour le gaz, on peut regarder la résistance par les frottements proportionnelle : 1° à l'étendue de la surface contre laquelle glisse le gaz ; 2° au carré de la vitesse du gaz. Loi pour des vitesses de 3^m à 50^m par seconde.

Si une masse gazeuse, dans un vase, est retenue par deux pistons, les forces appliquées pour maintenir l'équilibre devront être entre elles comme les surfaces des deux pistons.

Mélange des gaz. — Les gaz, dans leurs mélanges, n'obéissent pas, comme les liquides, aux lois de la densité. Chacun des gaz pénètre l'autre par un effet physique. (V. Pouillet, p. 309, t. I.) M. Graham a démontré que la rapidité avec laquelle les gaz se répandent les uns dans les autres est en raison inverse de la racine carrée de leurs poids spécifiques. (Franckland, *Technologiste*, p. 253, t. XXIV.)

Force ascensionnelle du gaz. — Le principe d'Archimède peut s'énoncer en disant qu'*un corps, plongé dans un liquide, y perd une portion de son poids, égale au poids du liquide déplacé.* Si le poids du corps est moindre que le poids de l'eau qu'il déplace, la force qui tend à le faire monter l'emporte sur celle qui tend à le faire descendre, c'est ce qui fait qu'un morceau de liége qu'on a placé au milieu de l'eau, remonte à la surface, aussitôt qu'on l'abandonne à lui-même.

Maintenant, un corps placé au milieu de l'atmosphère y éprouve de même une poussée, de bas en haut, égale au poids de l'air qu'il déplace. Quand son poids est précisément égal à la poussée que l'air environnant exerce sur sa surface, il se maintient dans la position qu'il occupe, sans tomber. Mais si le poids du corps, disons du gaz, est moindre que le poids de l'air qu'il déplace, la force qui tend à le faire monter l'emporte sur celle qui tend à le faire descendre ; il peut donc s'élever dans l'atmosphère, de même que le morceau de liége dans l'eau.

Il est aisé de calculer la force ascensionnelle d'un ballon, d'un gazomètre, d'après ses dimensions, son poids, et la nature du gaz dont on le remplit. Si un mètre cube d'air pèse 1 kil.2995 et un mètre de gaz d'éclairage 0 kil.6887 (prenant 0,530 pour densité de ce dernier), la force ascensionnelle dont le gaz est animé, lorsqu'il est placé au milieu de l'air atmosphérique, est d'environ 610 grammes par mètre. En multipliant cette force par le nombre de mètres de gaz contenus dans un ballon, par exemple, et retranchant du produit le poids du ballon, du filet, et de la nacelle, on aura la mesure du poids que le ballon peut enlever.

Equilibre d'un gazomètre à contre-poids. — Le contre-poids et le bout de chaîne qui s'y ajoute doivent avoir un poids égal au poids du gazomètre, quand il est sorti de l'eau, moins la force ascensionnelle du gaz qu'il contient et le poids d'un disque d'eau ayant pour base le diamètre du gazomètre et pour hauteur la pression qu'on veut donner. Enfin, le poids d'une longueur de chaîne égale à la hauteur du gazomètre doit être égale au poids que perd le gazomètre en plongeant dans l'eau.

Pression et poids d'un gazomètre. — La pression manométrique théorique est $m = \frac{G}{1000\ A}$. Le poids du gazomètre est 1000 Am.

m exprime la différence de niveau d'eau. G, le poids du gazomètre. A, l'aire du gazomètre. — On néglige la force ascensionnelle du gaz et la perte du poids par la partie qui peut être plongée dans l'eau.

Volume du gaz suivant la pression. — D'après la loi de Mariotte, *les volumes d'une même masse de gaz sont en raison inverse des pressions qu'ils supportent.* Il en résulte que 1000 litres de gaz à la pression atmosphérique (1 atmosphère ou 0 des manomètres à eau et à mercure), ne feront plus que 500 litres à 2 atmosphères, 333 lit. à 3 at., 250 lit. à 4 at., 200 lit. à 5 at., 100 lit. à 10 at., 50 lit. à 20 at. Cette loi, qui n'est pas exacte pour tous les gaz, peut cependant s'appliquer au gaz d'éclairage, tant que la pression n'excède pas 20 atmosphères. (Voyez *Atmosphère. Pression.*)

Tableau des dilatations du gaz à pression constante de 0 à 100°. (*Ann. de Chim. et Phys.*, 1842, t. V, p. 80.)

Hydrogène	0,366
Air atmosphérique	0,367
Oxyde de carbone	0,367
Acide carbonique	0,371
Protoxyde d'azote	0,372
Cyanogène	0,388
Acide sulfureux	0,390

Ainsi 0,00367 ou 1/273 doit être pris pour coefficient de dilatation de l'air. Et, en adoptant le même coefficient pour le gaz d'éclairage, 1000 litres ou 1 mètre de gaz augmente ou diminue de 3lit.670 pour chaque degré de température en plus ou en moins.

Pression minima du gaz. — A Paris, la pression réglementaire, au bec, doit être de 2 à 3 millimètres d'eau, pour la vérification du pouvoir éclairant.

Au minimum, dans le tuyau avant le compteur, il faut au gaz, suivant M. Schilling, une pression de 13 millimètres.

La pression minima, dans les tuyaux, doit être, suivant M. Wright, de 16 millimètres 30 et, suivant M. Letheby, de 25 millimètres.

Manomètres. — Les pressions dont il vient d'être parlé étant à peine sensibles, l'on ne peut se servir que d'un manomètre à eau et même d'un manomètre amplificateur. Effectivement la densité du mercure étant 13,596 (la densité de l'eau prise pour unité), il faudrait une pression d'environ 13 mill.6 au manomètre à eau pour avoir 1 millimètre de pression au manomètre à mercure.

Types de la lumière. *Lampe. Bougie.* — La lumière d'une bougie stéarique de l'Etoile, longue, de 5 au paquet de 485 grammes, équivaut à 14,30 de la lumière d'une lampe Carcel, brûlant 42 grammes d'huile à l'heure, représentée par 100. Par conséquent, la lumière de cette lampe équivaut à celle de 6 bougies 993. Disons 7 bougies. (V. le *bec à gaz normal*, p. 172, t. Ier du Manuel.)

Titre du gaz. — On prend pour titre du gaz le nombre supposé de bougies dont la lumière est égalée par celle de 100 litres de gaz, brûlés en une heure. — Le bec normal, à Paris, doit brûler 105 litres de gaz à l'heure, avec une intensité de lumière égale à celle d'une lampe Carcel. Par conséquent, le titre du gaz doit être (6,993 : 105) de 6 bougies 66.

Rapport du pouvoir éclairant d'un bec de gaz suivant la distance à laquelle la bougie est placée de l'écran, pour que les deux ombres soient égales en intensité, *le bec de gaz restant invariablement à 1 mètre de l'écran.*

(Ce tableau a été dressé en divisant le carré de 1,00 par les nombres décimaux qui se trouvent dans la 1re colonne. Voir le chapitre *Photométrie.*).

DISTANCE entre la bougie et l'écran.	POUVOIR éclairant en bougies.	DISTANCE entre la bougie et l'écran.	POUVOIR éclairant en bougies.	DISTANCE entre la bougie et l'écran.	POUVOIR éclairant en bougies.
centim.		centim.		centim.	
99	1.0203	69	2 1003	39	6.5746
98	1.0412	68	2.1626	38	6.9252
97	1.0628	67	2.2276	37	7 3046
96	1.0850	66	2.2956	36	7.8369
95	1.1080	65	2.3668	35	8.1632
94	1.1328	64	2 4414	34	8.6505
93	1.1562	63	2.5195	33	9.1827
92	1.1814	62	2.6014	32	9.7656
91	1.2075	61	2.6874	31	10.4058
90	1 2345	60	2.7777	30	11.1111
89	1.2624	59	2.8727	29	11.8906
88	1.2913	58	2.9726	28	12.7551
87	1.3211	57	3 0778	27	13.7174
86	1.3520	56	3.1887	26	14.7928
85	1.3840	55	3.3057	25	16.0000
84	1.4212	54	3.4293	24	17.3611
83	1.4515	53	3 5599	23	18.9224
82	1 4872	52	3.6982	22	20.6611
81	1.5241	51	3.8446	21	22.6757
80	1.5625	50	4.0000	20	25.0000
79	1.6023	49	4.1649	19	27.7008
78	1.6436	48	4.3402	18	30.8641
77	1.6866	47	4.5269	17	34.6020
76	1.7313	46	4.7258	16	39.0625
75	1 7777	45	4.9382	15	44.4444
74	1.8261	44	5.2169	14	51.0204
73	1 8765	43	5 4083	13	59.1715
72	1.9290	42	5.6688	12	69.4444
71	1.9837	41	5.9012	11	82 6446
70	2.0408	40	6.2500	10	100.0000

Usage de ce tableau. — Ce tableau donne, en bougies, le *pouvoir éclairant* d'une lumière, celle d'un bec de gaz, par exemple; mais il ne donne pas le titre du gaz.

Pour avoir le *titre* du gaz, il faut diviser le nombre qui se trouve dans la seconde colonne par la quantité de litres de gaz que brûle le bec en une heure. Par exemple, le bec de gaz restant toujours à 1 mètre de l'écran, la bougie étant à 38 centimètres de l'écran, pour que les ombres soient égales, le bec dépensant 150 litres de gaz à l'heure, il faut diviser 6,9252 par 150 pour avoir, en bougies, le titre du gaz. Dans ce cas, on trouve que le titre est de 4 bougies 6168.

Si l'expérience se fait avec une lampe (lampe Carcel dépensant 42 grammes d'huile à l'heure), il faut multiplier le chiffre de la seconde colonne par 6,993 (ou simplement par 7), puis diviser le produit par le nombre de litres de gaz, dépensés en une heure, pour avoir le titre du gaz exprimé en bougies. Exemple : le bec de gaz étant toujours à 1 mètre, le bec de la lampe étant à 76 centimètres de l'écran, le bec de gaz dépense 200 litres à l'heure. Il faut d'abord multiplier 1,7313 par 7 (ou par 6,993) = 12,107. Enfin, diviser ce dernier chiffre par le nombre de litres de gaz dépensés en une heure (12,107 : 200 = 6,0535). Le titre du gaz est un peu plus de 6 bougies.

Pouvoir éclairant, en bougies, d'un bec de gaz, *en faisant varier la distance du bec à l'écran, la bougie restant à une distance constante de* 0m.30.

On a directement le nombre de bougies en divisant le carré de la distance du bec par le carré de la distance de la bougie à l'écran. Exemples :

Le bec étant à 1 mètre ($1,00^2 : 0,30^2$), on trouve un pouvoir éclairant de 11 bougies 1111 ;

Le bec étant à 0m.50 ($50^2 : 30^2$), on trouve un pouvoir éclairant de 2 bougies 7777.

Pour avoir le *titre du gaz*, on n'a qu'à diviser, comme précédemment, le nombre obtenu de bougies par le nombre de litres de gaz brûlés en une heure.

COMPARAISON DU PRIX de DIVERS ÉCLAIRAGES.	POUR UNE LUMIÈRE égale à celle de 1 bougie.		DÉPENSE
	Quantité de matière brûlée en une heure.	Prix par heure.	par heure.
Bougie de l'Etoile. — Un paquet (485 gram.) donne 47 heures d'éclairage. Prix des 485 gram., 1 fr. 40.	10gr.32	2c.979	2c.979
Chandelle. — La chandelle, à poids égal, donne autant de lumière que la bougie. Prix, le kil. 1 fr. 60.	10gr.32	1c.6512	1c.6512
Huile. — Une lampe Carcel, brûlant 42 gr. d'huile à l'heure, donne une lumière égale à 7 bougies. 42 : 7=6. Prix de l'huile, 1 fr. 40 le kilog.	6gr.00	0c.8400	5c.8800
— Une lampe modérateur, brûlant 28 gr. à l'heure, donne une lumière égale à 6 bougies 20. 28 : 6,20 =4,516. Prix de l'huile, 1 fr. 40 le kilog.	4gr.516	0c.6330	3c.9200
Gaz à la houille. — Bec réglementaire, dépensant 105 litres à l'heure pour une lumière égale à 7 bougies. Prix du gaz, 30 cent. les 1000 litres (Paris).	15lit.000	0c.4500	3c.4500
Bec dépensant 140 litres à l'heure pour une lumière égale à 7 bougies. Prix du gaz, 40 cent. les 1000 litres	20lit.000	0c.8000	5c.6000
Gaz riche. — Bec dépensant 40 litres à l'heure, pour une lumière égale à 7 bougies. Prix du gaz, 75 c. les 1000 litres.	5lit.714	0c.4286	3c.0000
Proportion pour une lumière égale à celle de la lampe modérateur.	»	»	2c.6571
Gaz portatif. — Bec dépensant 40 litres à l'heure, pour une lumière égale à 7 bougies. Prix du gaz, 1 fr. 20 les 1000 litres.	5lit.714	0c.6857	4c.8000
Proportion pour une lumière égale à celle de la lampe modérateur.	»	»	4c.2514

Chaleur et calorique. — La chaleur est un effet dont le calorique est la cause. La chaleur, comme la lumière et l'électricité, n'a pas de pesanteur. Le calorique est un agent, une force physique, distincte de la substance propre des corps, qui s'en échappe, qui se transmet à distance, et qui produit la sensation connue sous le nom de chaleur.

Le degré de chaleur est la température des corps. Elle s'apprécie au moyen de thermomètres ou de pyromètres.

Unité de chaleur ou calorie. — On nomme *calorie* la quantité de chaleur nécessaire pour élever de 1 degré la température de 1 kilog. d'eau.

De sorte que la quantité de chaleur nécessaire pour élever la température d'un poids P d'eau, du degré T au degré T', est représentée par P (T—T'). C'est-à-dire que pour élever 8 kilog. d'eau de 12 à 20°, il faudrait ($8 \times (20 - 12) = 64$) 64 calories.

Pouvoir calorifique. — Le pouvoir ou la *puissance calorifique* d'un combustible est représenté par le nombre d'unités de chaleur produites par la combustion complète de 1 kilog. de cette matière. (V. p. 16.)

Nombres trouvés par Dulong et par MM. Favre et Silbermann.

MATIÈRES.	Pour un litre de vapeur, d'après Dulong.	Pour 1 kilogramme, d'après	
		Dulong.	Favre et Silbermann.
	calories.	calories.	calories.
Carbone	7.858	7224	8080
Hydrogène	3.130	34995	34462
Hydrogène protocarboné	9.560	13350	13063
Hydrogène bicarboné	15.300	12170	11857
Oxyde de carbone	3.130	2500	2403
Esprit de bois	»	»	5301
Alcool de vin	»	»	7184

Au lieu que les quantités de chaleur données par les composés soient moindres que celles des éléments, c'est le contraire que l'on observe, suivant M. Pouillet : les composés donnent presque toujours plus de chaleur que leurs éléments.

Chaleur latente. Calorique latent. — On entend par chaleur latente le nombre d'unités de chaleur qu'un corps absorbe ou dégage au moment où il change d'état, sans changer de température.

Le calorique latent s'appelle quelquefois *calorique de vaporisation* ou *calorique d'élasticité*.

Lorsque les corps solides passent à l'état liquide, ou que de l'état liquide ils passent à l'état gazeux, ils *absorbent*, pour ce changement d'état, une certaine quantité de chaleur. Réciproquement, lorsqu'un corps passe de l'état gazeux à l'état liquide, ou de l'état liquide à l'état solide, il *dégage* une certaine quantité de chaleur.

MM. Favre et Silbermann ont obtenu les résultats suivants. (Pouillet, t. 2, p. 613.)

Noms des substances.	Température d'ébullition.	Chaleurs spécifiques.	Chaleurs latentes.
Eau	100°	1	536
Carbure d'hydrogène	200	0.40	60
Id.	250	0.50	60
Esprit de bois	66.5	0.67	264
Alcool absolu	78	0.64	208
Ether sulfurique	38	0.50	91
Acide acétique	120	0.51	102
Essence de térébenthine	156	0.47	69

Capacité pour la chaleur. Chaleur spécifique. — Toutes les substances n'exigent pas la même quantité de chaleur pour que leur température augmente dans une proportion donnée.

L'*unité* de la chaleur spécifique est la quantité de chaleur que 1 kilog. d'eau exige pour que sa température s'élève de 1 degré thermométrique ou une calorie. Cette quantité de chaleur est très-variable selon la nature du corps. Ainsi, pour élever de 1 degré la température de 1 kilog. de mercure, il ne faut que 1/30 de calorie.

Tableau des capacités de quelques corps pour la chaleur.

NOMS des substances.	CAPACITÉS.	NOMS des substances.	CAPACITÉS.
Eau.	1.0000	Alumine..	0.2173
Charbon de bois. .	0.2415	Carbonate de chaux	0.2080
Coke	0.2008	Marbres, craie, dolomie (environ).	0.2147
Graphite des cornues.	0.2036	Air atmosphérique	0.2669
Bois de chêne. . .	0.5700	Hydrogène.	0.2936
Bois de pin.	0.6500	Oxygène	0.2361
Essence de térébenthine.	0.4160	Azote.	0.2734
Fonte de fer. . . .	0.1298	Oxyde de carbone.	0.2884
Fer.	0 1138	Acide carbonique.	0.2210
Mercure	0.0333	Gaz oléfiant.. . . .	0 4207
Magnésie.	0.2440	Vapeur aqueuse. .	0.8470

Conductibilité des corps pour la chaleur. — La *conductibilité* est la propriété dont jouissent les corps, d'absorber la chaleur et de la répandre dans leur masse. La *pénétrabilité* est la propriété que possède un corps de laisser le calorique passer de sa surface à la surface d'un corps contigu, ou *vice versâ*. (Voir plus bas *Propagation du calorique*.)

Voici, d'après M. Despretz, les conductibilités de quelques corps pour la chaleur :

Or.	1000
Platine.	981
Cuivre.	898
Fonte.	561

Fer.	374
Etain.	304
Plomb	180
Marbre.	24
Porcelaine	12
Terre cuite.	11

La conductibilité du cuivre est 95 fois plus grande que celle de l'eau. L'air et les gaz sont de très-mauvais conducteurs.

La propagation de la chaleur dans les fluides se fait en général par les courants multipliés qui s'établissent nécessairement par les différences de densité, qui résultent elles-mêmes des différences de température.

Température de combustion. — Indépendamment du pouvoir calorifique des divers combustibles, ils ont une température de combustion, qui est l'échauffement thermométrique maximum qu'il est possible de produire avec un combustible donné.

Propagation du calorique. — Le calorique se propage d'un corps à l'autre, soit au contact, soit à distance au travers de l'air et des différents autres milieux.

Au contact, il se répand de proche en proche jusqu'aux molécules les plus intérieures des corps. On nomme *bons conducteurs* les corps qui se laissent pénétrer facilement par la chaleur, et qui prennent rapidement la température qu'ils doivent avoir ; et *mauvais conducteurs* ceux qui se laissent pénétrer moins facilement, et qui sont plus lents à se mettre en équilibre de température dans toutes leurs parties.

A distance, le calorique se propage à peu près comme la lumière. Ce mode de propagation est ce que l'on appelle le *rayonnement du calorique*. C'est par rayonnement qu'un foyer nous échauffe à travers les couches d'air qui nous séparent de lui.

Raison inverse du carré de la distance, *applicable à la chaleur comme à la lumière.* — Le principe de la raison inverse du carré de la distance d'un point calorifique ou lumineux veut qu'à une distance double, l'intensité de la chaleur ou de la lumière soit 4 fois moindre; à une distance triple, l'intensité n'est plus qu'un neuvième, etc. Ainsi, l'intensité de la chaleur ou de la lumière diminue comme le carré de la distance augmente. (Voir le chapitre *Photométrie.*)

Point d'ébullition. Thermomètre. — Le point d'ébullition d'un liquide est toujours le même sous la même pression. L'eau, sous la pression de 0m.76, entre en ébullition à une température invariable, qui sert à fixer le centième degré du thermomètre. On a adopté pour zéro de cet instrument la température de la glace. (V. p. 52.)

Table des points d'ébullition de diverses matières.

Substances.		Points d'ébullition.
Acide azotique (1,150)		104°
Acide sulfurique	310	320
Alcool	78.4	79.7
Chloroforme		61
Eau distillée		100
Essence de térébenthine		157
Ether sulfurique	35.5	37.8
Huile de lin		316
Huile de naphte		85.5
Mercure		350
Phosphore		290
Soufre		299
Sulfure de carbone		47

Tableau du point de fusion *de diverses substances, en degrés du thermomètre centigrade.* (Pouillet.)

Noms des substances.	Degrés. centigrades.
Fer martelé anglais	1600
Fer doux français	1500
Aciers, les moins fusibles	1400

Noms des substances.	Degrés centigrades.
Aciers, les plus fusibles	1300
Fonte manganésée	1250
Fonte grise, 2e fusion	1200
Fonte grise, très-fusible	1100
Fonte blanche, peu fusible	1100
Fonte blanche, très-fusible	1050
Or très-pur	1250
Or au titre de monnaies	1180
Argent très-pur	1000
Bronze	900
Antimoine	432
Zinc	423
Plomb	332
Bismuth	270
Etain	235
Alliage, 5 d'étain, 1 de plomb	194
Id. 4 — 1 —	189
Id. 3 — 1 —	186
Id. 2 — 1 —	196
Id. 1 — 1 —	241
Id. 1 — 3 —	289
Id. 3 d'étain, 1 bismuth	200
Id. 2 — 1 —	167.7
Id. 1 plomb, 1 —	141.2
Id. 1 plomb, 4 étain, 5 bism.	118.9
Soufre (brûle à 150°)	115
Iode	107
2 plomb, 3 étain, 5 bismuth	100
5 — 3 — 8 —	100
4 bismuth, 1 plomb, 1 étain	94
Phosphore	44.2
Acide stéarique	70
Cire blanche	68
Cire non blanchie	62
Stéarine	49 à 43
Spermaceti	49

Noms. des substances.	Degrés centigrades.
Acide acétique.	45
Suif.	33.33
Glace.	0
Huile de térébenthine.	—10
Mercure	—40

Températures correspondant aux différentes nuances lumineuses.

Couleurs du platine.	Températures.
Rouge naissant.	525
Rouge sombre..	700
Cerise naissant.	800
Cerise.	900
Cerise clair (fusion de l'argent). . .	1000
Orange foncé (fusion de la fonte). .	1100
Orange clair (fusion de la fonte, 2e fusion).	1200
Blanc.	1300
Blanc soudant..	1400
Blanc éblouissant (fusion du fer). .	1500
Blanc éblouissant (cuisson de la porcelaine).	1600

Acier recuit. Trempe.

Températures en degrés centig.	Couleur de la surface.	Propriétés.
221	Jaune paille très-pâle.	Sec et dur. Lancettes.
232	Jaune paille plus foncé	Rasoirs. Instruments de chirurgie.
240	Jaune d'or.	Entamt bien la fonte.
243	Jaune orange.	Canifs.
254	Jaune-brun.	Ciseaux à froid. Coupe le fer.
265	Jaune-brun un peu teinté de pourpre.	Fers de rabots.

Températures en degrés centig.	Couleur de la surface.	Propriétés.
277	Pourpre.	Couteaux. Ciseaux de drapiers.
288	Bleu pâle.	Epées. Ressorts de montres.
293	Bleu ordinaire.	Poignards. Petites scies fines.
295	Bleu indigo.	Outils à bois.
317	Bleu-noir très-foncé.	Grandes scies de menuisiers. Mou comme le fer.
332	Vert d'eau.	

Si l'on recuit l'acier plus fortement, toutes les couleurs disparaissent, et en le laissant refroidir lentement, il devient extrêmement doux, et peut alors se travailler avec la plus grande facilité.

On trempe l'acier en jugeant la température comme il vient d'être dit, et le refroidissant rapidement par son immersion dans l'eau, quelquefois dans l'huile, pour donner la trempe la plus dure. (Voir *Chauffage au gaz.*)

Force catalytique ou **action de présence**.— On appelle ainsi l'action de substances qui n'entrent pas chimiquement dans des réactions que leur seule présence détermine, et qui n'auraient pas lieu en l'absence de ces substances qui, cependant, n'éprouvent aucune altération.

Affinité prédisposante.—Il y a des métaux dont l'affinité seule pour l'oxygène n'est pas assez grande pour décomposer l'eau à froid; mais en ajoutant un acide qui a une grande affinité pour l'oxyde qui *peut se produire*, cette affinité, jointe à celle du métal pour l'oxygène, détermine la réaction. Cette affinité pour un corps non existant, mais que son radical peut produire par son acide, a été nommée affinité prédisposante.

Etat naissant. — Des gaz qui ne se combinent pas lorsqu'on les mélange, se combinent souvent au moment où ils deviennent libres. Ainsi, l'hydrogène et l'azote ne se combinent pas directement; mais ils se combinent facilement, au contraire, lorsqu'ils se trouvent en présence à l'*état naissant*.

TABLEAU DES ÉQUIVALENTS DES PRINCIPAUX CORPS SIMPLES

Rapportés à 100 d'oxygène, contenant leur symbole, le poids de leur équivalent, les formules et les noms des composés qu'ils forment avec l'oxygène; — ainsi que la densité et le poids de 1 litre ou 1 décimètre cube de chacun de ces corps simples. (Les noms marqués d'un astérique (*) sont ceux des corps simples dont il est parlé dans le chapitre *Chimie*.) Quelques symboles viennent des mots latins suivants : *Stibium, Stannum, Hydrargyrum, Aurum, Kalium, Natrium.*

NOMS des corps simples.	SYMBOLES.	ÉQUIVALENT.	DENSITÉ.	POIDS d'un litre.	FORMULES ET COMPOSÉS formés avec l'oxygène.	
*Aluminium.	Al.	170.90	2.600	»	Al^2O^3	Alumine.
Antimoine. .	Sb.	806.45	6.702	»	Sb^2O^3 Sb^2O^5	Oxyde d'antimoine. Acide antimonique.
Argent. . . .	Ag.	1349.01	10.474	»	Ag^2O AgO AgO^2	Sous-oxyde d'argent. Protoxyde d'argent. Bioxyde d'argent.
Arsenic. . .	Ar.	937.50	5.750	»	ArO^3 ArO^5	Acide arsénieux. Acide arsénique.
*Azote. . . .	Az.	175.00	0.972	1gr.2631	AzO AzO^2 AzO^3 AzO^4 AzO^5	Protoxyde d'azote. Bioxyde d'azote. Acide azoteux. Acide hypoazotique. Acide azotique.
Baryum. . .	Ba.	858.00	»	»	BaO BaO^2	Baryte. Bioxyde de baryum.
Bismuth. . .	Bi.	1330 38	9.800	»	Bi^2O^3 Bi^2O^5	Oxyde de bismuth. Acide bismuthique.
Bore.	B.	136.21	»	»	BO^3	Acide borique.
Brome. . . .	Br.	1000.00	2.966	»	BrO^5	Acide bromique.
*Calcium. . .	Ca.	250.00	»	»	CaO CaO^2	Chaux. Bioxyde de calcium.
*Carbone. . .	C.	75.00	0.415 vap.	0gr.539	CO CO^2	Oxyde de carbone. Acide carbonique.

NOMS des corps simples.	SYMBOLES.	ÉQUIVALENT.	DENSITÉ.	POIDS d'un litre.	FORMULES ET COMPOSÉS formés avec l'oxygène.
*Chlore. . . .	Cl.	443.20	2.440 gaz. 1.330 liquide	3gr.1708 »	ClO Acide hypochloreux. ClO^3 Acide chloreux. ClO^4 Acide hypochlorique. ClO^5 Acide chlorique. ClO^7 Acide perchlorique.
Chrome. . .	Cr.	328 50	5.900	»	CrO Protoxyde de chrome. Cr^2O^3 Sesquioxyde de chrome. CrO^3 Acide chromique. Cr^2O^7 Acide perchromique.
*Cuivre. . . .	Cu.	396.60	8.780	»	Cu^2O Protoxyde de cuivre. CuO Bioxyde de cuivre. CuO^2 Peroxyde de cuivre.
Etain	Sn.	735 29	7.285	»	SnO Protoxyde d'étain. SnO^2 Acide stannique.
*Fer	Fe.	350.00	7.900	»	FeO Protoxyde de fer. Fe^2O^3 Peroxyde de fer. FeO^3 Acide ferrique.
Fluor	Fl.	235.43	»	»	»
*Hydrogène .	H.	12.50	0.06926	0gr.090	HO Eau. HO^2 Bioxyde d'hydrogène.
Iode.	I.	1586.00	4.948	»	IO^3 Acide iodeux. IO^4 Acide hypoiodique. IO^5 Acide iodique. IO^7 Acide heptaiodique.
*Magnésium.	Mg.	150.00	1.870	»	MgO Magnésie.
*Manganèse .	Mn.	344.68	8.000	»	MnO Protoxyde de manganèse. Mn^3O^4 Oxyde rouge de manganèse. Mn^2O^3 Sesquioxyde de manganèse. MnO^2 Bioxyde de manganèse. Mn^2O^7 Acide permanganique.
Mercure. . .	Hg.	1250.00	13.596	»	Hg^2O Protoxyde de mercure. HgO Deutoxyde de mercure.

NOMS des corps simples.	SYMBOLES.	ÉQUIVALENT.	DENSITÉ.	POIDS d'un litre.	FORMULES ET COMPOSÉS formés avec l'oxygène.	
Nickel. . . .	Ni.	369.75	8.279	»	NiO Ni^2O^3	Protoxyde de nickel. Sesquioxyde de nickel.
Or.	Au.	1229.16	19.258	»	Au^2O Au^2O^3	Protoxyde d'or. Peroxyde d'or.
*Oxygène . .	O.	100.00	1.1057	1gr.436837		»
Phosphore..	Ph.	400.00	1.770	»	Ph^2O PhO PhO^3 PhO^5	Oxyde rouge de phosphore. Acide hypophosphoreux. Acide phosphoreux. Acide phosphorique.
Platine.. . .	Pl.	1232.08	21.500	»	PlO PlO^2	Protoxyde de platine. Bioxyde de platine.
*Plomb. . . .	Pb.	1294.50	11.445	»	Pb^2O PbO PbO^2	Sous-oxyde de plomb. Protoxyde de plomb. Acide plombique (oxyde puce de plomb).

NOMS des corps simples.	SYMBOLES.	ÉQUIVALENT.	DENSITÉ.	POIDS d'un litre.	FORMULES ET COMPOSÉS formés avec l'oxygène.	
Potassium..	K.	488.93	0.865	»	K^2O KO KO^3	Sous-oxyde de potassium. Potasse. Peroxyde de potassium.
Sélénium . .	Se.	495.28	4 300	»	SeO^2 SeO^3	Acide sélénieux. Acide sélénique.
*Silicium.. .	Si.	266.74	»	»	SiO^3	Silice.
Sodium. . .	Na.	287.17	0.972	»	Na^2O NaO Na^2O^3	Sous-oxyde de sodium. Soude. Sesquioxyde de sodium.
*Soufre. . . .	S.	200.00	2.087	»	S^2O^2 S^2O^5 S^4O^5 SO^2 S^3O^5 SO^3	Acide hyposulfureux. Acide hyposulfurique. Acide hyposulfurique bisulfuré. Acide sulfureux. Acide hyposulfurique. Acide sulfurique.
*Zinc.	Zn.	406.50	6.862	»	ZnO ZnO^2	Oxyde de zinc. Bioxyde de zinc.

Air atmosphérique. — Densité, 1. Poids d'un litre, 1gr.2995.

	En volumes.	En poids.
Oxygène.......	20.80	23.10
Azote.........	79.20	76.90

3 à 6 dix-millièmes d'acide carbonique et 6 à 9 millièmes de vapeur d'eau.

Dans 1 mètre. { 208 lit. d'oxygène pesant 0,2989 / 792 lit. d'azote — 1,0004 } 1kil.2993

Dans 1 kilog. { 231 gram. d'oxygène = 177lit.795 / 769 gram. d'azote = 591lit.854 } 769 l.649

Eau (H O). — Densité, 1,000. — Poids d'un litre ou décimètre cube, 1 kilog.

La décomposition d'un litre ou décimètre cube d'eau, pesant 1000 grammes, donne :

618 litres d'oxygène pesant 888,888
1236 — d'hydrogène — 111,112

En équivalents chimiques, elle est formée de :

1 éq. d'oxygène = 100,00
1 éq. d'hydrogène = 12,50

1 équivalent d'eau = 112,50

La *vapeur d'eou* a 0,622 pour densité. Un litre pèse 0gr.808432.

Densité de 1/2 vol. d'oxygène = 0,55285
— de 1 vol. d'hydrogène = 0,06926

0,622

1 vol. d'oxygène et 2 vol. d'hydrogène forment 2 vol. de vapeur d'eau.

Vapeur vésiculaire. — On admet, en général, que les vapeurs qui constituent les nuages sont des *vapeurs vésiculaires*, c'est-à-dire des amas de petits globules remplis d'air humide, tout à fait analogues aux bulles de savon. (Pouillet.)

Eau séléniteuse. — Les eaux séléniteuses (qui contiennent du sulfate de chaux) ne se troublent pas par l'ébullition, et forment des précipités abondants avec l'oxalate d'ammoniaque et le chlorure de baryum. On les modifie par le carbonate de soude ; il se forme du carbonate de chaux insoluble et du sulfate de soude soluble.

Eaux contenant du carbonate de chaux. — Elles bleuissent la dissolution de bois de campêche, se troublent par l'ébullition et par l'exposition à l'air, ou sous l'influence de l'eau de chaux.

Le meilleur *antitartrique*, pour les chaudières à vapeur, paraît être le carbonate de soude.

Hydrogène carboné. — Un volume d'*hydrogène protocarboné* contient un volume de vapeur de carbone, et 2 volumes d'hydrogène :

0,4146 = densité de la vapeur de carbone.
0,1385 = 2 fois la densité de l'hydrogène.
0,5531 = densité calculée de l'hydrogène protocarboné.

La formule de ce gaz est $C^2 H^4 = 200$. D'après MM. Pelouze et Fremy, sa densité est 0,556.

Un volume d'*hydrogène bicarboné* contient 2 volumes de vapeur de carbone, et 2 volumes d'hydrogène :

0,8293 = 2 fois la densité de la vapeur de carbone.
0,1385 = — — l'hydrogène.
0,9678 = densité calculée de l'hydrogène bicarboné.

La formule de ce gaz est $C^4 H^4 = 350$. D'après MM. Pelouze et Fremy, sa densité est 0,9852 ; d'après M. Regnault, 0,9784.

Aréomètres. — Les aréomètres sont des flotteurs qui donnent immédiatement les densités des liquides dans lesquels ils s'enfoncent.

On distingue les aréomètres de Baumé en *pèse-sels* ou *pèse-acides*, pour les liquides d'une densité supérieure à l'eau, et en *pèse-liqueurs* ou *pèse-esprits*, pour les liquides plus légers que l'eau.

La relation qui existe entre le poids spécifique d'un liquide et son degré à l'aréomètre de Baumé, est donnée par la table suivante.

Table des poids spécifiques, des liquides et des degrés de l'aréomètre de Baumé, à la température de 12°5 centigrades.

PÈSE-ACIDE DE BAUMÉ.						PÈSE-ESPRIT DE BAUMÉ.			
DEGRÉS.	POIDS spécifique	DEGRÉS.	POIDS spécifique	DEGRÉS.	POIDS spécifique	DEGRÉS.	POIDS spécifique	DEGRÉS.	POIDS spécifique
0	1.0000	26	1.2063	52	1.5200	10	1.0000	36	0.8488
1	1.0066	27	1.2160	53	1.5353	11	0.9932	37	0.8439
2	1.0113	28	1.2258	54	1.5510	12	0.9865	38	0.8391
3	1.0201	29	1.2358	55	1.5671	13	0.9799	39	0.8343
4	1.0270	30	1.2459	56	1.5833	14	0.9733	40	0.8295
5	1.0340	31	1.2562	57	1.6000	15	0.9669	41	0.8249
6	1.0411	32	1.2667	58	1.6170	16	0.9605	42	0.8202
7	1.0483	33	1.2773	59	1.6344	17	0.9542	43	0.8156
8	1.0556	34	1.2881	60	1.6522	18	0.9480	44	0.8111
9	1.0630	35	1.2992	61	1.6705	19	0.9420	45	0.8066
11	1.0704	36	1.3103	62	1.6889	20	0.9359	46	0.8022
10	1.0780	37	1.3217	63	1.7079	21	0.9300	47	0.7978
12	1.0857	38	1.3333	64	1.7273	22	0.9241	48	0.7935
13	1.0935	39	1.3451	65	1.7471	23	0.9183	49	0.7892
14	1.1014	40	1.3571	66	1.7674	24	0.9125	50	0.7849
15	1.1095	41	1.3694	67	1.7882	25	0.9068	51	0.7807
16	1.1176	42	1.3818	68	1.8095	26	0.9012	52	0.7766
17	1.1259	43	1.3945	69	1.8313	27	0.8957	53	0.7725
18	1.1343	44	1.4074	70	1.8537	28	0.8902	54	0.7684
19	1.1428	45	1.4206	71	1.8765	29	0.8848	55	0.7643
20	1.1515	46	1.4339	72	1.900	30	0.8795	56	0.7604
21	1.1603	47	1.4476	73	1.9241	31	0.8742	57	0.7566
22	1.1692	48	1.4615	74	1.9487	32	0.8690	58	0.7526
23	1.1738	49	1.4758	75	1.9740	33	0.8639	59	0.7487
24	1.1875	50	1.4902	76	2.000	34	0.8588	60	0.7449
25	1.1968	51	1.4951			35	0.8538	61	0.7411

L'aréomètre ou *pèse-liqueur* de *Cartier* n'est qu'une altération de celui de *Baumé*. Pour construire un étalon suivant l'échelle de Cartier, on établit d'abord l'échelle Baumé; puis à partir du 22e degré de Baumé, en dessus et en dessous, on partage en 15 degrés égaux, 16 de Baumé; l'étalon ainsi obtenu, sert à la fabrication des aréomètres livrés au commerce.

L'équation qui sert à traduire les degrés C de Cartier en ceux B de Baumé, et réciproquement, est :

$$16\ C = 15\ B + 22;$$

Celle qui donne les poids spécifiques p correspondant à C degrés est :

$$p = \frac{136,8}{126,1 + C}$$

Lorsqu'on se sert des aréomètres, il faut tenir note de la température à laquelle on opère, ce qui donne lieu, lorsque cette température diffère de 12° 1/2 centigrades, à une correction que l'on trouve toute faite dans des tables dressées à cet effet.

Conversions thermométriques. — Le thermomètre de Réaumur, qui est divisé en 80 degrés, et le thermomètre de Celcius ou centigrade, ont pour points extrêmes la glace fondante et l'eau bouillante. (V. p. 38.)

Le *thermomètre de Farhenheit* est divisé en 212°. Il marque 32° à la glace fondante et 212° à l'ébullition.

Le *pyromètre de Wedgewood* a son zéro qui correspond à 580°55 du thermomètre centigrade, et chaque degré vaut 72°22 de ce dernier.

Pour convertir les degrés Réaumur en degrés centigrades, il faut ajouter 1/4 du nombre des degrés Réaumur; et en retranchant 1/5 des degrés centigrades, on a des degrés Réaumur.

Pour convertir un nombre de degrés Farhenheit en centigrades, il faut retrancher 32 de ce nombre et multiplier le reste par 0,55. $\left(C = F - 32 \times \frac{5}{9}\right)$

Table pour apprécier les proportions d'acide sulfurique hydraté (SO^3, HO) *et d'eau, d'après les observations de Vauquelin et de D'Arcet.* (D'Arcet a opéré à la température de + 15°.)

DEGRÉS de l'aréomètre de Baumé.	QUANTITÉ d'acide sulfurique hydraté pour 100.	DEGRÉS de l'aréomètre de Baumé.	QUANTITÉ d'acide sulfurique hydraté pour 100.
66	100 V	47	61 32 D
60	84.22 V	46	59.85 D
60	82 34 D	45	58 02 V.D
55	74.32 V.D.	40	50.41 V
54	72.70 D	35	43.21 V
53	71.17 D	30	36.52 V
52	69.30 D	25	30.12 V
51	68.30 D	20	24.01 V
50	66.45 V.D.	15	17.39 V
49	64.37 D	10	11.73 V
48	62.80 D	6	6.60 V

Décomposition de l'eau par l'acide sulfurique et le zinc ou le fer. (Proportions d'acide et d'eau.)

Décomposition de l'eau par l'acide sulfurique et le zinc ou le fer. — Mettre dans le réservoir supérieur d'un appareil dit *de sept litres,* 5 litres d'eau et ajouter 2 litres d'acide à 50° Baumé. — Pour avoir 1 mètre d'hydrogène, il faut : 4kil.412 acide sulfurique à 66°; 2 kil.909 de zinc, ou 2 kil. 517 de fer. (Voir p. 185, t. Ier et p. 45, t. II du *Manuel de l'Eclairage et du Chauffage au Gaz,* de l'Encyclopédie-Roret.)

Ammoniaque. Proportions d'eau. — L'ammoniaque du commerce marque 21 à 20° Baumé, elle a donc une densité de 0,930 à 0,936 et contient 18 à 16 d'ammoniaque et 82 à 84 d'eau. A la densité de 0,875, ce qui représente à peu près 31°, il y a 32,5 d'ammoniaque pour 67,5 d'eau.

Les eaux ammoniacales des usines à gaz marquent depuis 1 jusqu'à 5 degrés, terme moyen 2° Baumé.

On pourrait retirer directement l'ammoniaque de ces eaux en les distillant sur de la chaux parfaitement éteinte. L'ammoniaque se dégage et il se forme du carbonate de chaux et du sulfure de calcium. (Voir *Ammoniaque* dans la CHIMIE et dans le 13e chapitre.)

Réactions de l'ammoniaque.— Le gaz ammoniac réagit comme un alcali sur le papier rouge de tournesol et sur le sirop de violettes. Cette propriété, qui n'appartient à aucun autre fluide élastique, lui a fait donner le nom « d'alcali *volatil.* » On reconnaît en général l'ammoniaque à trois caractères : 1° à son odeur, 2° à son alcalinité, 3° aux fumées blanches de chlorhydrate d'ammoniaque qu'elle produit lorsqu'on en approche un tube de verre trempé dans l'acide chlorhydrique.

Hydrogène sulfuré. — Le papier trempé dans une solution d'acétate neutre de plomb devient brun ou noir dans un jet de gaz qui contient de l'hydrogène sulfuré (acide sulfhydrique). La dissolution d'acétate de plomb dans l'eau distillée contient 1 de sel pour 100 d'eau.

Acide carbonique constaté par l'eau de chaux. — Un courant d'acide carbonique dans l'eau de chaux forme un précipité, quand la chaux est en excès; mais un excès d'acide carbonique a la propriété de dissoudre le précipité.

La chaux éteinte délayée dans l'eau forme le *lait de chaux*. La dissolution claire est ce qu'on nomme *eau de chaux*.

Pierres gélives ou gélisses. — Il suffit d'imprégner la pierre que l'on veut essayer d'une dissolution saturée de sulfate de soude et de l'exposer à l'air, pour qu'elle éprouve la même altération qu'à la gelée. On n'a pas d'autre moyen de connaître d'avance, sous ce rapport, sa qualité : ni l'inspection de la texture, ni l'analyse chimique ne peuvent servir d'indices. Cependant les pierres qui ont le défaut d'être gélives sont ordinairement peu lourdes, friables et absorbent facilement l'humidité. (V. Matériaux de maçonnerie.)

Briques.— La mauvaise brique se reconnaît facilement à son aspect, au son fêlé ou sourd qu'elle rend quand on frappe dessus et à la facilité avec laquelle elle s'émiette sous les doigts; dans cet état, la brique absorbe l'eau avec avidité, se rompt assez facilement; elle est gélive. Le caractère principal des briques bien cuites est de rendre un son clair.

On emploie 750 briques ordinaires pour un mètre cube de maçonnerie. Dans le midi (Toulouse), on se sert de briques qui ont $0^{m}.42$ sur $0^{m}.28$ et $0^{m}.05$ d'épaisseur.

Chaux. — Les chaux grasses éteintes en bouillie pâteuse donnent deux et jusqu'à trois volumes pour un, ce sont celles qui foisonnent le plus. 100 kilog. de chaux peuvent retenir 300 litres d'eau.

Les chaux maigres et les chaux hydrauliques, aussi éteintes en bouillie épaisse, ne donnent qu'un volume et demi, ou un volume et un quart pour un.

Les chaux grasses peuvent se conserver extrêmement longtemps en bouillie dans des fosses humides, mais les chaux hydrauliques se durcissent et alors ne sont plus bonnes à rien.

Mortier à chaux grasse. — Depuis 50 jusqu'à 240 parties de sable pour 100 parties, en volumes, de pâte de chaux grasse, la résistance du mortier va en croissant à mesure que la proportion de sable augmente.

Le volume du mortier varie des 5/7 aux 4/5 de la somme des volumes de sable et de chaux employés.

Pour la chaux *moyennement hydraulique*, on ne peut pas dépasser 180 parties de sable avec 100 parties de chaux.

Mortiers hydrauliques. — 100 de chaux pour 240 de sable, en volume, quand le mortier doit être jeté et battu avec de la pierraille dans un encaissement; mais, en maçonnerie ordinaire, il faut que le mélange soit lié et puisse tenir sur la truelle.

Pour mortiers destinés à être immergés à travers une eau profonde, un mélange aussi ferme que possible, bien lié, de 100 de chaux en pâte pour 150 de sable.

Le mortier doit être assez fort pour qu'une boule de 7 à 8 centimètres de diamètre se soutienne sur une surface plane sans se déprimer de plus de 4 à 5 millimètres au point de contact.

Bétons. — 450 litres pierres cassées, 900 litres mortier hydraulique, donnant 1 mètre cube.

630 litres pierres cassées, 640 litres mortier hydraulique, donnant 1 mètre cube. (V. *Matériaux de maçonnerie.*)

Ciments. — Le ciment pur est employé pour étancher les fuites d'eau et arrêter les sources.

Environ 9 volumes de ciment pour 5 vol. de sable pour enduits de réservoirs, de citernes, etc., imperméables.

Environ 5 de ciment et 7 1/2 de sable pour hourder les maçonneries de meulières, de briques, de moellons, etc.; faire les rejointements.

1 de ciment pour 4 ou 4 1/2 de sable employés quand on peut attendre le complet durcissement avant la charge et quand l'imperméabilité n'est pas indispensable.

1 de ciment et 5 de sable durcit encore deux heures après l'immersion dans l'eau. (Voy. *Matériaux de maçonnerie.*)

Mastics de fer. — Le mastic d'Aquin se compose de 98 parties de limaille de fer ou de tournure de fonte, 1 partie de fleur de soufre, 1 partie de sel ammoniac. Le tout, mélangé d'abord à sec, délayé dans de l'eau à la consistance de mortier. Employer de suite.

Ou 50 parties de limaille et 1 partie de sel ammoniac, pour aller au feu.

Pour les têtes de cornues en terre : 2 parties argile en poudre; 2 parties limaille de fer; 1/2 partie sel ammoniac; 1/4 de partie fleur de soufre. Triturer et arroser d'eau ammoniacale, ou d'urine.

Mastic de plomb. — Un mélange à parties égales de céruse, de minium et d'huile de lin, forme un mastic qui acquiert à la longue la dureté de la pierre.

Tableau servant à évaluer le prix des CONDUITES DE FONTE, *lorsque les joints d'assemblage sont à emboîtement.*

DIAMÈTRES des tuyaux en millim.	LONGUEUR du tuyau.	LONGUEUR de l'emboîtement en millim.	POIDS du tuyau.	NOMBRE de tuyaux par 100 mètres	POIDS de 1 mètre.	POIDS DE LA CORDE goudronnée		POIDS DU PLOMB	
						par joint.	par mètre.	par joint.	par mètre.
060	1.60	100	30k30	67	20k24	0k18	0k12	1k78	1k19
081	2.10	105	49.81	54	24 97	0.23	0.12	2,34	1.27
108	2.10	110	69.34	54	34.84	0.31	0.15	3.06	1.53
150	2.70	115	120.10	40	46.85	0.41	0.16	4.08	1.63
200		120	163.63		63.42	0.55	0.22	5.48	2.19
250		125	208.54		80.99	0.70	0.28	6.95	2.78
300		130	255.84		99.55	0.85	0,34	8.51	3.40
350		135	306.06		119 32	1.02	0.41	10.19	4.08
400		140	358.15		139.90	1.20	0.48	11.96	4.78
450		145	412.72		161.53	1.38	0.55	13.83	5 53
500		150	469.47		184.10	1,58	0.63	15.80	6.32
550		160	528.59		207.70	1.79	0.71	17 86	7.14
600		165	590.16		237.39	2.00	0.81	20.03	8.01

Tableau servant à évaluer le prix des CONDUITES EN FONTE, *lorsque les joints d'assemblage sont à brides.*

TUYAUX.			DANS CHAQUE JOINT IL ENTRERA							
			UNE RONDELLE EN PLOMB.				BOULONS.			
DIAMÈTRE en millim.	POIDS par mètre.	NOMBRE de joints par 100 mètres	DIAMÈTRE extérieur en millim.	ÉPAISSEUR en millim.	POIDS.	CUIR gras.	NOMBRE.	DIAMÈTRE en millim.	LONGUEUR en millim.	POIDS du boulon en grammes.
060	20k24	67	110	007	0k53	2 cuirs gras pour chaque.	3	0100	10	120
081	24.97	50	140	009	0.82		3	0125	11	188
108	34.84	50	180	010	1.81		3	0125	11	188
150	46.85		230	011	2.98		4	0150	12	309
200	63.42		280	012	4.10		4	0150	12	309
250	80.99		330	013	5.38		6	0175	13	474
300	99 55		390	014	7.75		6	0175	13	474
350	119.32	40	440		9.51		8	0200	14	870
400	139.90		490		10.71		8	0200	14	870
450	161.53		540		11.92		10	0225	15	958
500	184 10		590	015	13.12		10	0225	15	958
550	207.70		640		14 32		10	0225	15	958
600	239.39		690		15.53		12	0250	16	1.290

Prix de la canalisation en fonte.

La fonte étant calculée à 25 francs les 100 kilog., y compris essai, peinture au goudron et transport sur la tranchée; en ajoutant :

Le démontage de la chaussée, du trottoir et remise en place;

Ouverture de la tranchée, façon des niches et dressement du fond;

Transport des terres aux décharges publiques;

Descente des tuyaux;

Mise en place;

Corde goudronnée;

Façon des joints en plomb;

Remblai et pilonnage;

Main-d'œuvre;

Fournitures;

Les *prix de revient*, pour les conduites et les frais de pose, se trouvent dans le tableau ci-après, page 136.

Il résulte de ce tableau, en admettant le prix de la fonte (25 fr. les 100 kilog.) et les frais de pose sur lesquels il a été calculé, qu'on peut évaluer le prix d'une canalisation à 1 fr. 10 par centimètre de diamètre pour les tuyaux ordinaires, et à 1 fr. 20 par centimètre de diamètre pour les tuyaux de $0^{m}.40$ et au-dessus, *tout compris*, pour Paris. Il y a des localités où il pourrait être réduit à 1 fr. par centimètre de diamètre.

Voir le Tableau suivant, page 60.

Diamètres des tuyaux en millimètres	081	108	135	162	190	216	250	300	325	350	400	500	600
Fonte.	6.25	8.70	10.60	12.70	15.00	17.35	20.25	25.00	27.45	29.90	35.00	46.00	58.90
Pose.	1.70	2.20	2.70	3.35	3.85	4.35	5.00	5.70	6.15	6.60	7.65	9.15	10.65
Terrassement et pavage. .	1.80	1.80	1.80	2.15	2.15	2.15	2.50	2.80	2.85	2.90	3.35	3.85	4.35
Prix de revient, tout compris. . .	9.75	12.70	15.10	18.20	21.00	23.85	27.75	33.50	36.45	39.40	46.00	59.00	73.90

Poids des tuyaux en fonte (Pinart).

(*Voir* les tableaux suivants et le chapitre *Canalisation*.)

DIAMÈTRE.		LONGUEUR	POIDS
Pouces.	Mètre.	de service.	du mètre de service.
1 1/2	0.042	1.270	9 à 10kil.
2	0.054	1.790	14 à 15
» »	0.060	1.782	16 à 17
2 1/2	0.068	1.835	19 à 20
3	0.081	2.320	22 à 23
4	0.108	2.440	31 à 32
5	0.135	2.670	41 à 42
6	0.162	2.657	51 à 52
7	0.190	2.620	62 à 63
8	0.216	2.627	71 à 72
9	0 244	2.560	92 à 95
10	0.270	2.575	104 à 106
12	0.325	2.495	138 à 142

Poids des tuyaux en fonte (anglais).

Diamètre.	Longueur utile.	Poids. du mètre courant.
0.025	1.83	5.50
0.038	1.83	7.5
0 050	1.83	10
0.063	2.75	15
0.076	2.75	15
0.088	2.75	20
0.101	2.75	25
0.127	2.75	34
0.152	2.75	43

Tableau donnant le prix et le poids par mètre des TUYAUX EN BITUME *avec joints à emboîtement précis. La longueur des tuyaux est de 4 mètres environ* (Tarif Chameroy, 1866).

Diamètres intérieurs en millim.	Prix du mètre en fabrique à Paris ou à Lyon.	Prix de pose par mètre.	Epaisseur de la tôle en millimètres.	Poids en kilog. par mètre de tuyaux.
0.035	1.80	0.16	0.9	4.00
0.042	2.05	0.18	0 9	5.00
0.054	2.35	0.21	0.9	6.00
0.068	2.70	0.24	0.9	7.50
0.081	3.35	0.28	1.0	8.50
0.108	4.65	0.34	1.1	11.00
0.135	6.25	0.41	1.2	14.00
0.162	7.85	0.48	1.3	17.00
0.189	9.30	0.56	1.4	22.00
0.216	11.05	0.64	1.5	25.00
0.244	13.10	0.73	1.6	28.00
0.271	15.10	0.82	1.7	33.00
0.297	17.15	0.92	1.8	39.00
0.324	20.65	1.05	2.1	45 00
0.350	24.70	1.15	2.3	52 00
0.400	28.20	1.40	2.5	70.00
0.450	33.25	1.70	2.7	78.00
0.500	39.30	2.00	2.9	90.00
0.550	46.35	2.30	3.2	95.00
0.600	53.40	2.60	3.4	100.00
0.700	68.50	2.90	4.0	125.00
0.800	83.60	3.50	4.4	155.00
1 mètre	116.00	4.00	5.0	210.00

Pour avoir le prix de revient, il faut ajouter les frais de transport jusqu'à la tranchée, et les frais de terrassement et pavage (voir les tableaux précédents). Ces frais de terrassement et pavage comprennent : 1° dépavage et repavage; 2° ouverture de la tranchée, façon des niches et dressement du fond; 3° transport des terres aux décharges publiques, remblai et pilonnage.

Tableau donnant le prix et le poids par mètre des tuyaux en BOIS ET COLTAR COMBINÉS (Tarif Trottier frères, Schweppé et Cie, à Angers). Le tarif est celui des tuyaux pris à la fabrique.

Diamètre intérieur en millimètres.	Raccordés à emboîtage avec frette mobile.	2 choix pour égouts et canaux.	Pose sans la tranchée.	Poids approximatif.
42	1f.75	1f.30	0f.15	4 kil.
54	1.90	1.40	0.20	6
81	2.75	2.20	0.25	9
108	3.65	3.00	0.30	14
135	4.90	4.00	0.30	17
162	6.20	5.00	0.35	20
189	7.75	6.50	0.45	25
210	9.90	8.00	0.55	30
250	12.00	9.00	0.70	40
300	15.00	11.00	0.90	50

Tableau donnant le prix des tuyaux en PAPIER BITUMÉ, *pris à Paris, avec les boulons et les rondelles pour joints. Ces tuyaux ont* 1m.50 *de long. Le poids du tuyau de* 0m.05 *est de* 5 *kilog.* (Tarif de MM. Jaloureau, 1866.)

Diamètre.	Prix du mètre courant des tuyaux, compris joints et boulons, pris à l'usine. En papier bitumé.	Doublés en plomb pour le gaz.
0m.05	2f.00	2f.50
0 08	3.25	4.00
0 10	4.50	5.60
0 13	6.50	7.75
0 16	9.00	11.25
0 18	12 00	15.00
0 21	15.00	18.75
0 24	18.00	22.50
0 27	21.00	26.25
0 30	24.00	30.00

Diamètres des tuyaux en fer.

Diamètre intérieur.	Diamètre extérieur.
5 millimètres.	10 millimètres.
8 —	13 —
12 —	17 —
15 —	21 —
21 —	27 —
27 —	34 —
33 —	42 —
40 —	49 —
50 —	60 —

Poids des tuyaux en plomb (Tarif de Paris pour 1866).

Diamètre intérieur.	Epaisseur du plomb.	Poids du mètre linéaire.
10 millim.	2 millim.	0k85
13 —	2 —	0.95
15 —	2 —	1.22
20 —	21/2	2.00
25 —	3 —	2.90
30 —	3 —	3.60
35 —	31/2	5.00
40 —	4 —	6.25
45 —	5 —	9.00
50 —	5 —	9.80
55 —	5 —	10.50
60 —	5 —	11.50
70 —	5 —	13.00
80 —	5 —	15 00

Poids des fers cornières de Montataire.

Largeur de chaque côté.	Epaisseur des côtés.	Poids par mètre.
20 millim.	2,05 millim	0k75
25 —	3 —	1.10
30 —	3.05 —	1.55
35 —	4.75 —	2.60
40 —	5 —	2.90
45 —	5.05 —	4
50 —	6.05 —	4.30
55 —	6.05 —	5
55 —	7 —	6
60 —	5.75 —	5.20
65 —	6.05 —	6.25
65 —	7.05 —	7
68 —	7.06 —	7.20
70 —	6.05 —	7
70 —	8.05 —	9
75 —	8 —	9.50
75 —	10 —	11
80 —	10 —	11.50
80 —	12 —	13
85 —	9 —	11.50
85 —	12 —	14.75
90 —	10 —	13.25
90 —	13 —	17

Poids de diverses substances solides. — Le poids de 1 décimètre cube de différents corps se trouve dans le tableau des équivalents.

Poids du mètre cube de divers matériaux.

Terreau	de 830 kil. à 860
Tourbe sèche	514
— humide	785
Terre végétale	1150 à 1280
— forte, graveleuse	1350 à 1450
Gravier	1370 à 1480
Cailloux	1650
Fragments de roches	1550 à 1800
Vase	1642
Argile et terre glaise	1636 à 1756
Marne	1570 à 1640
Sable fin et sec	1400 à 1430
Sable fossile argileux	1710 à 1800
Sable de rivière humide	1770 à 1860
Scories de forge, mâchefer	770 à 1000
Laitier vitreux	1400 à 1480
Pouzzolane d'Italie	1160 à 1230
— du Vivarais	1080 à 1130
Trass d'Andernach	1070 à 1080
Brique	1500 à 1650
Chaux vive sortant du four	800 à 860
— éteinte, en pâte ferme	1320 à 1430
Mortier, chaux et sable	1850 à 2140
— chaux et ciment	1650 à 1700
— chaux et mâchefer	1130 à 1220
Plâtre, cuit, battu et tamisé	1240 à 1260
— gâché, humide	1570 à 1600
— gâché, sec	1400 à 1415
Pierre à bâtir, tendre	1140 à 1720
— franche, demi-roche	1710 à 2000
— liais doux et roche	2140 à 2280
— à bâtir, liais, roche dure	2280 à 2430
— roche très-compacte	2500 à 2710
Maçonnerie de pierres de taille	2400 à 2700

Maçonnerie de cailloux. . . . . 2300 à 2400
— de moellon.. . . . . 2150 à 2250
— de briques (750 dans un mètre). . . 1750 à 1800
Bois de construction, chêne. 943
— frêne. 845
— hêtre. 852
— sapin. 650 à 720
Bois de sciage et planches.. 614

Le poids de l'hectolitre ras est le dixième de celui du mètre.

Diamètre du barillet. — Ce diamètre varie de 0m.40 à 0m.60.

Diamètre des tuyaux de l'usine. — On obtient ce diamètre en multipliant 0m.06 par la racine carrée du nombre de tonnes de houille à distiller en 24 heures : $0^{m}.06\sqrt{T}$.

Longueur des tuyaux du condensateur. — Quand ces tuyaux ont le même diamètre que ceux de l'usine, on obtient la longueur qu'une suite de tuyaux du condensateur doit avoir en multipliant ce diamètre par 900. (V. page 58, t. Ier, *surface du condensateur*.)

Surface des condensateurs. — « Les constructeurs fixent la surface extérieure des condensateurs, à raison de un mètre carré par mètre cube de gaz à refroidir en une heure. » (M. d'Hurcourt.)

Colonnes à coke — Dans une colonne à coke mouillé, la capacité est de 1 mètre cube pour chaque 1000 mètres de gaz fabriqué en 24 heures. — Une colonne à coke sec, de 2 mètres de diamètre sur 6 mètres de hauteur, répond à une fabrication de 1,500,000 mètres de gaz par an. L'hiver, on renouvelle ce coke tous les mois.

Dépense de gaz par un orifice. — En multipliant la vitesse (de 1 à 3 mètres) par la section d'un tuyau et par 0,93, on obtient le volume de gaz débité en une seconde.

Écoulement du gaz dans les tuyaux. — L'écoulement du gaz double quand la longueur du tuyau n'est que le quart; ou l'écoulement du gaz diminue de moitié quand la longueur est quatre fois plus grande. — L'écoulement du gaz double par une pression quatre fois plus forte.

Différence de niveau dans la canalisation.—Pour tous les points qui sont plus élevés que l'usine, la pression manométrique dépasse celle de l'usine de 8/10 de millim. par mètre d'élévation en plus, et elle est inférieure, suivant la même proportion, pour les points qui sont en contre-bas.

Section d'une cheminée.— On peut adopter la formule suivante, qui donne une section presque double de celle qui est nécessaire, et dans laquelle K représente le poids du combustible, exprimé en kilogrammes, à brûler par heure, et H la hauteur de la cheminée : $S = \frac{4}{5} \frac{K}{\sqrt{H}}$.

Vapeur (*Données diverses*).

FORCES en atmosphères.	TEMPÉRATURE.	PRESSION sur 1 centim. carré.	VOLUME de 1 kilog. de vapeur.	POIDS du mètre cub. de vapeur.
1	100°	1k033	1696 lit.	0k589
2	121.4	2.066	897.09	1.115
3	135.1	3.099	619.19	1.615
4	145.4	4.132	476.26	2.100
5	153.1	5.165	388.16	2.576
6	160.2	6.198	328.93	3.040
7	166 5	7.231	286.12	3.491
8	172.1	8.264	253.59	3.943
9	177.1	9.297	227.98	4.386
10	181.6	10.33	207.36	4.823
11	186.0	11.363	190.27	5.256
12	190.0	12.396	175.96	5.683
13	193.7	13.429	163.74	6.107
14	197.2	14.462	153.10	6.527
15	205.5	15.495	144.00	6.944

TABLE ALPHABÉTIQUE.

FIN DE LA TABLE.

BAR-SUR-SEINE. — IMP. SAILLARD.

Février 1866.

Ce Catalogue annule les précédents.

LIBRAIRIE ENCYCLOPÉDIQUE

DE

RORET

RUE HAUTEFEUILLE, 12

AU COIN DE LA RUE SERPENTE

PARIS

(Voir ci-contre la division du Catalogue.)

N. B. *Comme il existe à Paris deux libraires du nom de* RORET, *l'on est prié de bien indiquer l'adresse.*

DIVISION DU CATALOGUE

PUBLICATIONS PÉRIODIQUES.

Le Technologiste, ou *Archives des Progrès de l'*INDUSTRIE FRANÇAISE ET ÉTRANGÈRE, publié par une Société de savants et de praticiens, sous la direction de MM. F. MALEPEYRE et CH. VASSEROT. Ouvrage utile aux manufacturiers, aux fabricants, aux chefs d'ateliers, aux ingénieurs, aux mécaniciens, aux artistes, etc., etc., et à toutes les personnes qui s'occupent d'arts industriels, 27e année. Prix : 18 fr. par an pour Paris; 19 fr. 50 pour la province, et 21 fr. pour l'Etranger.

Chaque mois il paraît un cahier de 48 pages in-8, grand format, renfermant en grande quantité des figures gravées sur bois et sur acier.

Ce recueil a commencé à paraître le 1er octobre 1839. Le prix des 26 années parues est de 18 fr. chacune.

TABLE alphabétique et analytique DES 20 PREMIÈRES ANNÉES. 1 vol. grand in-8°. 10 fr.

Pour les abonnés à l'année courante. 5 fr.

Cette table est délivrée *gratuitement* aux abonnés à la collection complète ou aux personnes qui font l'acquisition de cette collection.

L'Agriculteur-praticien, REVUE D'AGRICULTURE, DE JARDINAGE ET D'ÉCONOMIE RURALE ET DOMESTIQUE.

1re *série*, publiée sous la direction de MM. BOSSIN, MALEPEYRE, G. HEUZÉ, etc., in-8, grand format, renfermant des gravures sur bois intercalées dans le texte.

Il a paru 14 années de cette 1re série, qui a commencé en octobre 1839 et fini en septembre 1853.

Prix de chaque année, 3 fr. au lieu de 6 fr.

Almanach encyclopédique, récréatif et populaire pour 1866, d'après les travaux de savants et de praticiens célèbres. 1 vol. in-16, grand raisin, orné de jolies gravures. 50 c.

Il a paru 27 années de cet Almanach, à 50 c. chaque.

Bulletin de la Société industrielle de Mulhouse. Il a paru 4 séries de ce recueil. Les deux premières, format in-8, et la troisième et la quatrième, format in-8 grand papier.

La *première* a commencé en 1826 et fini en 1840. Elle comprend les cahiers 1 à 65, ou vol. 1 à 13; prix : 9 fr. le vol.

La *seconde* a commencé en 1840 et fini en 1854. Elle comprend les cahiers 66 à 125, ou vol. 14 à 25; prix : 12 fr. le vol.

La *troisième* a commencé en 1854 et fini en 1860. Elle comprend les cahiers 126 à 149, ou vol. 26 à 29; prix : 15 fr. le vol.

Chaque numéro des trois premières séries se vend séparément 3 fr.

La *quatrième* a commencé en janvier 1860 et se continue. Le prix de la souscription pour Paris, est de 15 fr. par vol., composé de 12 cahiers, et de 18 fr. pour la province. Chaque numéro se vend séparément 1 fr. 50. La 6e année est en cours de publication.

Le Garde-meuble, JOURNAL D'AMEUBLEMENT; 54 planches par an. Prix des 3 catégories, *Sièges, Meubles, Tentures* : fig. noires, 22 fr. 50; pour 2 catégories, 15 fr., et pour une catégorie, 7 fr. 50. En couleur, prix des 3 catégories, 36 fr.; pour 2 catégories, 24 fr., et pour une catégorie, 12 fr. — *Chaque feuille se vend séparément : en noir*, 50 *centimes, et en couleur*, 80 *centimes.*

Voyez ALBUMS DU GARDE-MEUBLE, pages 53 et 56.

ENCYCLOPÉDIE-RORET

COLLECTION

DES

MANUELS-RORET

FORMANT UNE

ENCYCLOPÉDIE DES SCIENCES ET DES ARTS

FORMAT IN-18;

PAR UNE RÉUNION DE SAVANTS ET DE PRATICIENS,

MESSIEURS

Amoros, Arsenne, Barthelemy, Bataille, Beauvalet, de Bavay, Biot, Biret, Biston, Boisduval, Boitard, Bosc, Boutereau, Boyard, Boyer de Fonscolombe, Cahen, Capron, Chaussier, Chevrier, Choron Constantin, d'Orbigny, De Gayffier, De Lafage, De Lépinois, De Montigny, De Pareto, De Siebold, De Saint-Victor, De Vali-court, Paulin Désormeaux, Jules Desportes, Drapier, Dubois, Dujardin, Dupuis-Delcourt, Francœur, Gallas, Garnier, Gentil-homme, Giquel, Guillond, Hamel, Hervé, Huot, Janvier, Julia de Fontenelle, Jullien, Knecht, Lacordaire, Lacroix, Lagarde, Landrin, Launay, Lebeuf, Led'huy, Lenormand, Lesson, Loriol, E. Lormé, Magnier, F. Malepeyre, Marcel de Serres, Miné, Muller, Nicard, Noël, Mme Pariset, Paulin, J. Pautet, Pedroni, Ponsin, Rendu, Richard, Riffault, Rouget de l'Isle, Roussel, Schmit, Spring, Stannius, Tarbé, Terquem, Terrière, Thiébaut de Berneaud, Thil-laye, Thouin, Toussaint, Toustain, Trémery, Truy, Ulrich, Valério, Vasserot, Vauquelin, Verdier, Vergnaud, Walker, With, Yvart, etc.

Tous les Traités se vendent séparément. Les ouvrages indiqués *sous presse* paraîtront successivement. La plupart des volumes, de 3 à 400 pages, renferment des planches parfaitement dessinées et gravées, et des vignettes intercalées dans le texte.

Pour recevoir chaque volume franc de port, l'on joindra, à la lettre de demande, un mandat sur la poste équivalent au prix porté au Catalogue.

Manuel pour gouverner les Abeilles et en retirer un grand profit, par MM. RADOUAN et MALEPEYRE. 2 vol. 6 fr.

— **Accordeur de Pianos,** mis à la portée de tout le monde, par M. GIORGIO ARMELLINO. 1 vol. 1 fr. 25

— **Acides gras concrets,** voy. *Bougies stéariques.*

— **Actes sous signatures privées** en matières civiles, commerciales, criminelles, etc., par M. BIRET, ancien magistrat. 1 vol. 2 fr. 50

— **Aérostation** ou Guide pour servir à l'histoire ainsi qu'à la pratique des *Ballons*, par M. DUPUIS-DELCOURT. 1 vol. orné de figures. 3 fr.

— **Agents-Voyers,** voyez *Constructeur en général.*

— **Agriculture Elémentaire,** à l'usage des écoles primaires et des ecoles d'agriculture, par M. V. RENDU. (*Ouvrage autorisé par l'Université.*) 1 vol. 1 fr. 25

— **Alcools,** voyez *Distillation, Liquides, Négociant d'eau-de-vie.*

— **Algèbre,** *ou* Exposition élémentaire des principes de cette science, par M. TERQUEM. (*Ouvrage approuvé par l'Université*) 1 gros vol. 3 fr. 50

— **Alliages métalliques,** par M. HERVÉ, officier supérieur d'artillerie, ancien élève de l'Ecole polytechnique. 1 vol. 3 fr. 50

Ouvrage *approuvé par le Comité d'artillerie.*

— **Allumettes chimiques, Coton** et **Papier-poudre, Poudres** et **Amorces fulminantes;** dangers, accidents et maladies qu'elles produisent; par le docteur ROUSSEL. 1 vol. orné de figures. 1 fr. 50

— **Amidonnier** et **Vermicellier,** par MM. MORIN et F. MALEPEYRE. 1 vol. avec figures. 3 fr.

— **Amorces fulminantes,** voyez *Allumettes chimiques, Artificier.*

— **Anatomie comparée,** par MM. de SIEBOLD et STANNIUS; trad. de l'allemand par MM. SPRING et LACORDAIRE, professeurs à l'Université de Liége. 3 gros vol. 10 fr. 50

— **Anecdotique,** ou Choix d'Anecdotes anciennes et modernes, par madame CELNART. 4 vol. 7 fr.

— **Animaux nuisibles** (Destructeur des).

1re *partie*, contenant les animaux nuisibles à l'agriculture, au jardinage, etc., par M. VÉRARDI. 1 vol. orné de planches. 3 fr.

2e *partie*, contenant les Hylophthires et leurs ennemis, ou Description et Iconographie des Insectes les plus nuisibles aux forêts, avec une méthode pour apprendre à les détruire et à ménager ceux qui leur font la guerre, à l'usage des forestiers, des jardiniers, etc., par MM. RATZEBURG, DE CORBERON et BOISDUVAL. 1 vol. orné de 8 planches. 2 fr. 50

— **Arbres fruitiers** (Taille des), contenant les notions indispensables de Physiologie végétale; un Précis raisonné de la multiplication, de la plantation et de la culture; les vrais principes de la taille et leur application aux formes diverses que reçoivent les arbres fruitiers, par M. L. DE BAVAY. 1 vol. orné de figures. 3 fr.

— **Archéologie**, par M. NICARD. 3 vol. avec Atlas. Prix des 3 vol., 10 fr. 50; de l'Atlas séparément, 12 fr.; l'ouvrage complet 22 fr. 50

— **Architecte des Jardins**, ou l'Art de les composer et de les décorer, par M. BOITARD. 1 vol. avec Atlas de 140 planches. 15 fr.

— **Architecte des Monuments religieux**, ou Traité d'Archéologie pratique, applicable à la restauration et à la construction des Eglises, par M. SCHMIT. 1 gros vol. avec Atlas contenant 21 planches. 7 fr.

— **Architecture**, ou Traité de l'Art de bâtir, par M. TOUSSAINT, architecte. 2 vol. ornés de planches. 7 fr.

— **Arithmétique démontrée**, par MM. COLLIN et TRÉMERY. 1 vol. 2 fr. 50

— **Arithmétique complémentaire**, ou Recueil de Problèmes nouveaux, par M. TRÉMERY. 1 vol. 1 fr. 75

— **Armurier**, Fourbisseur et Arquebusier, par M. PAULIN DÉSORMEAUX. 2 vol. avec figures. 6 fr.

— **Arpentage**, ou Instruction élémentaire sur cet art et sur celui de lever les plans, par M. LACROIX, de l'Institut, MM. HOGARD, géomètre, et VASSEROT, avocat. 1 vol. avec figures. (*Autorisé par l'Université*) 2 fr. 50

On vend séparément les MODÈLES DE TOPOGRAPHIE, par CHARTIER. 1 pl. col. 1 fr.

— **Art militaire**, par M. VERGNAUD, colonel d'artillerie. 1 volume avec figures. 3 fr.

— **Artificier.** *Première partie*, PYROTECHNIE MILITAIRE, contenant la préparation et le chargement des Projectiles, des Artifices et des Combinaisons fulminantes, l'Art du Poudrier et du Salpêtrier, et la fabrication des Poudres de guerre et de chasse, par M. A.-D. VERGNAUD, colonel d'artillerie et M. P. VERGNAUD, chef d'escadron, directeur de l'Ecole centrale de Pyrotechnie maritime. 1 gros vol. orné de figures. 3 fr. 50

— *Deuxième partie*, PYROTECHNIE CIVILE, contenant l'art de confectionner et de tirer les Feux d'artifice, par les mêmes auteurs, 1 volume orné d'une planche et de vignettes. 2 fr.

— **Aspirants** aux fonctions de Notaires, Greffiers, Avocats à la Cour de Cassation, Avoués, Huissiers, et Commissaires-Priseurs, par M. Combes. 1 vol. 3 fr. 50

— **Assolements, Jachère** et **Succession des Cultures**, par M. Victor Yvart, de l'Institut, avec des notes par M. Victor Rendu, inspecteur de l'agriculture. 3 vol. 10 fr. 50

Le même ouvrage. 1 vol. in-4. 12 fr.

— **Astronomie**, ou Traité élémentaire de cette science, trad. de l'anglais de W. Herschel, par M. Vergnaud. 1 vol. orné de planches. 3 fr. 50

— **Astronomie amusante**, traduit de l'anglais, par A. D. Vergnaud. 1 vol. avec figures. 2 fr. 50

— **Avocats**, voyez *Aspirants* aux fonctions d'avocats à la Cour de Cassation.

— **Avoués**, voyez *Aspirants* aux fonctions d'Avoués.

— **Ballons**, voyez *Aérostation.*

— **Barême complet des Poids et Mesures**, voyez *Poids et Mesures.*

— **Bibliographie Universelle**, par MM. F. Denis, P. Pinçon et De Martonne. 3 vol. 20 fr.

Le même ouvrage, grand in-8 à 3 colonnes, papier collé pour recevoir des notes. 25 fr.

— **Bibliothéconomie**, Arrangement, Conservation et Administration des bibliothèques, par L.-A. Constantin. 1 vol. orné de figures. 3 fr.

— **Bijoutier**, Joaillier, Orfèvre, Graveur sur métaux et Changeur, par M. Julia de Fontenelle. 2 v. avec fig. 7 fr.

— **Biographie**, ou Dictionnaire historique abrégé des grands hommes, par M. Noel, inspecteur-général des études. 2 vol. 6 fr.

— **Blanchiment et Blanchissage**, Nettoyage et Dégraissage des fils de lin, coton, laine, soie, etc., par MM. J. de Fontenelle et Rouget de Lisle. 2 vol. avec pl. 6 fr.

— **Blason**, ou Traité de cet art sous le rapport archéologique et héraldique, par M. J. Pautet, 1 vol. avec pl. 3 fr. 50

— **Bleus et Carmins d'Indigo** (Fabricant de), par M. Félicien Capron, de Dôle. 1 vol. 1 fr. 50

— **Bois** (Marchands de) et de Charbons, ou Traité de ce commerce en général, par M. Marié de Lisle. 1 volume avec figures. 3 fr.

— **Boissons gazeuses**, voyez *Eaux Gazeuses.*

— **Bois** (Manuel-Tarif métrique pour la conversion et la réduction des), d'après le système métrique, par M. LOMBARD. 1 vol. 2 fr. 50

— **Bonnetier et Fabricant de bas,** par MM. LEBLANC et PREAUX-CALTOT. 1 vol. avec figures. 3 fr.

— **Botanique,** Partie élémentaire, par M. BOITARD. 1 vol. avec planches. 3 fr. 50

ATLAS DE BOTANIQUE pour la partie élémentaire. 1 vol. in-8 renfermant 36 planches. 6 fr.

— **Botanique,** 2e partie, FLORE FRANÇAISE, ou Description synoptique des plantes qui croissent naturellement sur le sol français, par M. le docteur BOISDUVAL. 3 gros volumes. 10 fr. 50

ATLAS DE BOTANIQUE, composé de 120 planches, représentant la plupart des plantes décrites dans l'ouvrage ci-dessus. Prix : figures noires, 9 fr ; fig. coloriées. 18 fr.

— **Bottier et Cordonnier,** par M. MORIN. 1 vol. avec figures. 3 fr.

— **Boucherie Taxée,** ou Code des Vendeurs et des Acheteurs de Viande, suivi d'un Barême pour l'application immédiate du prix à la pesée, par un MAGISTRAT. 1 volume. 1 fr. 50

TABLEAU FIGURATIF DES DIVERSES CATÉGORIES DE LA BOUCHERIE, in-plano col. 75 c.

— **Bougies stéariques,** et fabrication des acides gras concrets, etc., etc., par M. MALEPEYRE, 1 vol. orné de planches. 3 fr.

— **Boulanger,** Négociant en grains, Meunier et Constructeur de Moulins, par MM. BENOIST, JULIA DE FONTENELLE et F. MALEPEYRE. 2 vol. avec figures. 7 fr.

— **Bourrelier et Sellier,** par M. LEBRUN. 1 vol. orné de figures. 3 fr.

— **Bourse et ses Spéculations** mises à la portée de tout le monde, par M. le Président BOYARD. 1 vol. de 428 pages. 2 fr. 50

— **Bouvier et Zoophile,** ou l'Art d'élever et de soigner les animaux domestiques, par M. BOYARD. 1 volume. 2 fr. 50

— **Brasseur,** ou l'Art de faire toutes sortes de Bières, par M. VERGNAUD. 1 vol. 3 fr.

— **Briquetier, Tuilier,** Fabricant de Carreaux et de tuyaux de Drainage, contenant les procédés de fabrication, la description d'un grand nombre de Machines et de Fours usités dans ces industries, par M. F. MALEPEYRE. 2 vol. ornés de figures. 6 fr.

— **Brodeur,** ou Traité complet de cet Art, par madame CELNART. 1 vol. avec un Atlas de 40 pl. 7 fr

— **Cadres** (Fabricant de), Passe-Partout, Châssis, Encadrement, etc., par M. DE SAINT-VICTOR. 1 vol. orné de figures. 1 fr. 50

— **Calculateur,** ou COMPTES-FAITS utiles aux opérations industrielles, aux comptes d'inventaire, etc., par M. Aug. TERRIÈRE. 1 gros vol. 3 fr. 50

— **Calendrier** (Théorie du) et Collection de tous les calendriers des années passées et futures, par M. FRANCOEUR, professeur à la Faculté des sciences. 1 vol. 3 fr.

— **Calligraphie,** ou l'Art d'écrire en peu de leçons, d'après la méthode américaine de CARSTAIRS. 1 Atlas in-8 oblong. 1 fr.

— **Canotier,** ou Traité universel et raisonné de cet Art, par UN LOUP D'EAU DOUCE; joli vol. orné de vignettes sur bois. 1 fr. 75

— **Caoutchouc, Gutta-percha, Gomme factice,** Tissus imperméables, Toiles cirées et Cuirs vernis, par M. PAULIN-DÉSORMEAUX. 1 vol. orné de fig. 3 fr. 50

— **Capitaliste,** contenant la pratique de l'escompte et des comptes-courants, d'après la méthode nouvelle, par M. TERRIÈRE, employé à la trésorerie générale de la couronne. 1 gros vol. 3 fr. 50

— **Carrier,** voyez *Chaufournier*.

— **Cartes Géographiques** (Construction et Dessin des), par M. PERROT. 1 vol. orné de planches. 2 fr. 50

— **Cartonnier,** Cartier et Fabricant de Cartonnage, par M. LEBRUN. 1 vol. orné de figures. 3 fr.

— **Caves et Celliers** (Garçons de), **Maîtres de Chais,** voyez *Vins* (*Calendrier des*).

— **Chamoiseur, Pelletier-Fourreur, Maroquinier, Mégissier et Parcheminier,** par M. JULIA DE FONTENELLE. 1 vol. orné de planches. 3 fr.

— **Chandelier,** Cirier et Fabricant de Cire à cacheter, par M. LENORMAND. 1 gros vol. orné de pl. 3 fr. 50

— **Chapeaux** (Fabricant de), par MM. CLUZ, F. et JULIA DE FONTENELLE. 1 vol. orné de planches. 3 fr.

— **Charcutier,** ou l'Art de préparer et de conserver les différentes parties du cochon, par M. LEBRUN. 1 vol. avec figures. 2 fr. 50

— **Charpentier,** ou Traité simplifié de cet Art, par MM. HANUS, BISTON et BOUTEREAU. 1 vol. orné de 20 planches. 3 fr. 50

— **Charron et Carrossier,** ou l'Art de fabrique toutes sortes de Voitures, par MM. Lebrun, Leroy et Malepeyre. 2 vol. ornés de 14 planches. 6 fr

— **Chasselas,** sa culture à Fontainebleau, par un Vigneron des environs. 1 vol. avec figures. 1 fr. 75

— **Chasseur,** ou Traité général de toutes les chasses à courre et à tir, par MM. Boyard et de Mersan. 1 volume avec musique. 3 fr.

— **Chasseur-Taupier,** ou l'Art de prendre les Taupes par des moyens sûrs et faciles, par M. Rédarès. 1 vol. orné de figures. 90 c.

— **Chaudronnier,** Description complète et détaillée de toutes les opérations de cet Art, tant pour la fabrication des appareils en cuivre que pour ceux en fer, etc., par MM. Julien et Valério. 1 vol. avec 16 planches. 3 fr. 50

— **Chaufournier, Plâtrier, Carrier,** contenant l'exploitation des Carrières et la fabrication du Plâtre, des différentes Chaux, des Ciments, Mortiers, Bétons, etc., par M. D. Magnier. 1 vol. avec figures. 3 fr.

— **Chemins de Fer** (Construction des), contenant des Etudes comparatives sur les divers systèmes de la voie et du matériel, le Formulaire des charges et conditions pour l'établissement des travaux, etc., par M. E. With. 2 vol. avec atlas. 7 fr.

— **Cheval** (Education et hygiène), par M. le vicomte de Montigny, 1 vol. orné de 6 planches. 3 fr.

— **Chimie Agricole,** par MM. Davy et Vergnaud. 1 vol. orné de figures. 3 fr. 50

— **Chimie amusante,** ou Nouvelles Récréations chimiques, par M. Vergnaud. 1 vol. orné de figures. 3 fr.

— **Chimie analytique,** contenant des notions sur les manipulations chimiques, les éléments d'analyse inorganique qualitative et quantitative, et des principes de chimie organique, par MM. Will, F. Vœhler, J. Liebig et Malepeyre. 2 vol. ornés de planches et de tableaux 5 fr.

— **Chimie appliquée,** Voyez *Produits chimiques*.

— **Chimie Inorganique et Organique** dans l'état actuel de la science, par M. Vergnaud. 1 gros vol. orné de figures. 3 fr. 50

— **Chimiques** (Produits), voyez *Produits chimiques*.

— **Chirurgie,** voyez *Médecine, Instruments de chirurgie*.

— **Chocolatier**, voyez *Confiseur*.

— **Cidre et Poiré** (Fabricant de), avec les moyens d'imiter, avec le suc de pomme ou de poire, le Vin de raisin, l'Eau-de-Vie et le Vinaigre de vin, par M. Dubief. 1 vol. avec figures. 2 fr. 50

— **Cire à cacheter** (Fabrication de la), voyez *Chandelier*, *Papetier*, *Papiers de Fantaisie*.

— **Ciseleur**, contenant la description des procédés de l'Art de ciseler et repousser tous les métaux ductiles, bijouterie, orfèvrerie, armures, bronzes, etc., par M. Jean Garnier, ciseleur-sculpteur. 1 vol. orné de figures. 3 fr.

— **Coiffeur**, précédé de l'Art de se coiffer soi-même, par M. Villaret. 1 vol. orné de figures. 2 fr. 50

— **Colles** (Fabrication de toutes sortes de), comprenant celles de matières végétales, animales et composées, par M. Malepeyre. 1 vol. orné de planches. 1 fr. 50

— **Coloriste**, contenant le mélange et l'emploi des Couleurs, ainsi que les différents travaux de l'Enluminure, par MM. Perrot, Blanchard et Thillaye. 1 vol. orné de figures. 2 fr. 50

— **Commerce, Banque et Change**, contenant tout ce qui est relatif aux effets de Commerce, à la tenue des livres, à la comptabilité, à la bourse, aux emprunts, etc., par MM. Gallas et Pijon. 2 vol. 6 fr.

On vend séparément la Méthode nouvelle pour le calcul des intérêts a tous les taux (Extraite de ce manuel). 1 vol. in-18. 1 fr. 50

— **Commissaire de Police**, voyez *Police de France*.

— **Commissaires-Priseurs**, voyez *Aspirants* aux fonctions de Commissaires-Priseurs.

— **Compagnie** (Bonne), ou Guide de la Politesse et de la Bienséance, par madame Celnart. 1 vol. 1 fr. 75

— **Comptes-Faits**, voyez *Calculateur*, *Capitaliste*, *Poids et Mesures* (*Barême des*).

— **Confiseur et Chocolatier**, par MM. Cardelli et Lionnet-Clémandot. 1 volume orné de planches. 3 fr.

— **Conserves alimentaires**, contenant les procédés usités pour la conservation des Substances alimentaires, la composition de ces substances et le rôle qu'elles jouent dans l'alimentation, ainsi que les Falsifications qu'elles subissent, les moyens de les reconnaître, par M. W. Maigne. 1 vol. 3 fr. 50

— **Constructeur en Général et Agents-Voyers**, ouvrage utile aux ingénieurs des ponts et chaussées, aux officiers du génie militaire, aux architectes, aux conducteurs des ponts et chaussées, par M. Lagarde, ingénieur civil. 1 vol. orné de figures. 3 fr.

— **Construction moderne** (La), ou Traité de l'Art

de bâtir avec solidité, économie et durée, comprenant la Construction, l'histoire de l'Architecture et l'Ornementation des édifices, par M. BATAILLE, architecte, professeur à l'école de Mulhouse. 1 vol. et Atlas in-4 de 44 pl. 15 fr.

— **Constructions rurales,** ou Guide pour les Constructions rurales, par M. HEUZÉ. (*Sous presse.*)

— **Contre-Poisons,** ou Traitement des Individus empoisonnés, asphyxiés, noyés ou mordus, par M. H. CHAUSSIER, D.-M. 1 vol. 2 fr. 50

— **Contributions Directes,** Guide des Contribuables et des Comptables de toutes classes, etc.; par M. BOYARD. 1 vol. 2 fr. 50

— **Cordier,** contenant la culture des Plantes textiles, l'extraction de la Filasse, et la fabrication de toutes sortes de cordes, par M. BOITARD. 1 vol. orné de fig. 2 fr. 50

— **Corps gras concrets,** voyez *Bougies stéariques*.

— **Correspondance Commerciale**, contenant les Termes de commerce, les Modèles et Formules épistolaires et de comptabilité, etc., par MM. REES-LESTIENNE et TRÉMERY. 1 vol. 2 fr. 50

— **Corroyeur,** voyez *Tanneur*.

— **Coton et Papier-Poudre,** voyez *Allumettes chimiques*.

— **Couleurs et Vernis** (Fabricant de), contenant tout ce qui a rapport à ces différents Arts, par MM. RIFFAULT, VERGNAUD, TOUSSAINT, MALEPEYRE et le docteur EM. WINCKLER. 2 volumes ornés de figures. 7 fr.

— **Couleurs vitrifiables et Emaux** (Préparation des), voyez *Peinture sur Verre, sur Porcelaine et sur Email*.

— **Coupe des Pierres,** par MM. TOUSSAINT et H. M.-M., architectes. 1 vol. avec Atlas. 5 fr.

— **Coutelier,** ou l'Art de faire tous les Ouvrages de Coutellerie, par M. LANDRIN, ingénieur civil. 1 vol. 3 fr. 50

— **Couvreur,** voyez *Maçon*.

— **Crustacés** (Hist. natur. des), par MM. BOSC et DESMAREST, etc. 2 vol. ornés de planches. 6 fr.

ATLAS POUR LES CRUSTACÉS, 18 pl. Fig. noires, 1 fr. 50, — fig. coloriées. 3 fr.

— **Cuisinier et Cuisinière,** à l'usage de la ville et de la campagne, par M. CARDELLI. 1 gros vol. de 464 pages, orné de figures. 2 fr. 50

— **Cultivateur Forestier,** contenant l'Art de cultiver en forêts tous les Arbres indigènes et exotiques, par M. BOITARD. 2 vol. 5 fr.

— **Cultivateur Français,** ou l'Art de bien cultiver les Terres et d'en retirer un grand profit, par M. THIÉBAUT de BERNEAUD. 2 vol. ornés de figures. 5 fr.

— **Dames,** ou l'Art de l'Elégance, par madame CELNART. 1 vol. 3 fr.

— **Danse,** ou Traité théorique et pratique de cet Art, contenant toutes les *Danses de Société* et la Théorie de la Danse théâtrale, par BLASIS et LEMAITRE. 1 vol. 1 fr. 25

— **Décorateur-Ornemantiste,** Graveur et Peintre en Lettres, par M. SCHMIT. 1 vol. avec Atlas in-4 de 30 planches. 7 fr.

— **Demoiselles,** ou Arts et métiers qui leur conviennent, tels que Couture, Broderie, etc., par madame CELNART. 1 vol. orné de planches. 3 fr.

— **Dessin Linéaire,** par M. ALLAIN, entrepreneur de travaux publics. 1 vol. avec Atlas de 20 planches. 5 fr.

— **Dessinateur,** ou Traité complet du Dessin, par M. BOUTEREAU. 1 vol. avec Atlas de 20 pl. noires. 3 fr. 50

LE MÊME OUVRAGE, Atlas colorié. 4 fr. 50

— **Distillateur-Liquoriste,** contenant les formules des liqueurs les plus répandues, les parfums, substances colorantes, etc., par MM. LEBEAU, JULIA DE FONTENELLE et MALEPEYRE. 1 gros volume. 3 fr. 50

— **Distillation de l'Eau-de-Vie de pommes de terre et de betteraves,** par MM. HOURIER et MALEPEYRE. 1 vol. avec fig. 1 fr. 50

— **Distillation de toutes les substances alcoolisables connues,** par M. Eug. LORMÉ.

(*Sous presse.*)

— **Domestiques,** ou l'art de former de bons serviteurs, par madame CELNART. 1 vol. 2 fr. 50

— **Dorure et Argenture** par la méthode Electro-chimique et par simple immersion, par MM. MALEPEYRE, MATHEY et DE VALICOURT. 1 vol. orné de fig. 1 fr. 80

— **Doreur et Argenteur,** voy. *Peintre en bâtiments.*

— **Drainage simplifié,** mis à la portée des Campagnes, suivi de la législation relative au Drainage, par M. DE LA HODDE. 1 petit vol. orné de fig. 90 c.

— **Draps** (Fabricant de), voyez *Tissus.*

— **Eaux et Boissons Gazeuses,** ou Description des méthodes et des appareils les plus usités depuis l'origine de cette industrie, le bouchage des bouteilles et des siphons, la Gazéification des Vins, Bières et Cidres, etc., par M. ROUGET DE LISLE. 1 vol. orné de vignettes et de planches. 3 fr. 50

— **Ebéniste**, voyez *Menuisier*.

— **Economie domestique**, V. *Maîtresse de Maison*.

— **Economie politique**, par M. J. PAUTET, 1 volume. 2 fr. 50

— **Electricité atmosphérique**, ou Instructions pour établir les Paratonnerres et les Paragrêles, par M. RIFFAULT. 1 vol. 2 fr. 50

— **Électricité médicale**, ou Eléments d'Electro-Biologie, suivi d'un Traité sur la Vision, par M. SMEE, traduit par M. MAGNIER. 1 vol. orné de fig. 3 fr.

— **Emaillage** sur terre cuite et métaux communs, voyez *Peinture sur Verre, sur Porcelaine et sur Email*.

— **Encres** (Fabricant de toutes sortes d'), d'écriture, d'imprimerie, sympathiques, etc., par MM. DE CHAMPOUR et F. MALEPEYRE. 1 vol. 1 fr. 50

— **Engrais** (FABRICATION ET APPLICATION DES) animaux, végétaux et minéraux, ou Traité théorique et pratique de la nutrition des plantes, par MM. Eug. LANDRIN, ancien contrôleur des voiries de Paris, et Henri LANDRIN, ingénieur civil. 1 vol. orné de vignettes. 2 fr. 50

— **Enregistrement et Timbre**, par M. BIRET. 1 gros vol. 3 fr. 50

— **Entomologie élémentaire**, ou Entretiens sur les Insectes en général, mis à la portée de la jeunesse, par M. BOYER DE FONSCOLOMBE. 1 gros vol. 3 fr.

— **Entomologie**, ou Histoire naturelle des Insectes et des Myriapodes, par M. BOITARD. 3 vol. 10 fr. 50

ATLAS D'ENTOMOLOGIE, composé de 110 planches représentant les Insectes décrits dans l'ouvrage ci-dessus. Figures noires, 9 fr. — Fig. coloriées. 18 fr.

— **Épistolaire** (Style), par M. BISCARRAT et madame la comtesse d'HAUTPOUL. 1 vol. 2 fr. 50

— **Équitation**, à l'usage des deux sexes, par M. VERGNAUD. 1 vol. orné de figures. 3 fr.

— **Escaliers en bois** (Construction des), ou manipulation et posage des Escaliers ayant une ou plusieurs rampes, par M. BOUTEREAU. 1 vol. et Atlas. 5 fr.

— **Escrime**, ou Traité de l'Art de faire des armes, par M. LAFAUGÈRE. 1 vol. orné de vignettes. 2 fr. 50

— **Essayeur**, par MM. VAUQUELIN, GAY-LUSSAC et D'ARCET, publié par M. VERGNAUD. 1 vol. 3 fr.

— **État Civil** (Officier de l'), pour la Tenue des Registres et la Rédaction des Actes, etc., etc., par M. LEMOLT, ancien magistrat. 1 vol. 2 fr. 50

— **Étoffes imprimées** (Fabricant d') et Fabricant de Papiers peints, par MM. Séb. LENORMAND et VERGNAUD. 1 v. 3 fr.

— **Falsifications des Drogues** simples ou composées, par M. Pédroni, professeur. 1 vol. orné de fig. 2 fr. 50

— **Ferblantier et Lampiste,** ou l'Art de confectionner tous les Ustensiles en fer-blanc, par MM. Lebrun et Malepeyre. 1 vol. orné de fig. 3 fr. 50

— **Fermier,** ou l'Agriculture simplifiée et mise à la portée de tout le monde, par M. de Lépinois. 1 vol. 2 fr. 50

— **Fermière** (Bonne), voyez *Habitants de la Campagne.*

— **Filateur,** ou Description des Méthodes anciennes et nouvellement employées pour filer le Coton, le Lin, le Chanvre, la Laine et la Soie. (*Sous presse.*)

— **Filature de Coton,** suivi de Formules pour apprécier la résistance des appareils mécaniques, etc., par M. Drapier. 1 vol. avec planches. 2 fr. 50

— **Filets,** voyez *Pêcheur, Pêcheur praticien.*

— **Fleuriste artificiel,** ou l'Art d'imiter, d'après nature, toute espèce de Fleurs, suivi de l'Art du Plumassier, par madame Celnart. 1 vol. orné de fig. 2 fr. 50

On peut se procurer des *modèles coloriés*, dessinés d'après nature, par Redouté. La planche, 1 fr. 50

— **Fleuriste artificiel simplifié,** par mademoiselle Sourdon. 1 vol. 1 fr. 50

— **Fondeur sur tous métaux,** par MM. Launay, fondeur de la colonne de la place Vendôme, Vergnaud et Malepeyre (*Ouvrage faisant suite au travail des Métaux*). 2 vol. ornés d'un grand nombre de planches. 7 fr.

— **Fontainier,** voyez *Mécanicien-Fontainier.*

— **Forgeron, Maréchal, Serrurier, Taillandier,** etc., renfermant des notions sur le fer, l'acier et les charbons; des modèles de forges, et pouvant servir de Manuel complet du fabricant de soufflets et de machines soufflantes, par M. Mapod. 1 vol. orné de 4 planches. 3 fr.

— **Forges** (Maître de), ou l'Art de travailler le fer, par M. Landrin. 2 vol. ornés de planches. 6 fr.

— **Forestier praticien** (Le) et Guide des Gardes-Champêtres, traitant de la Conservation des Semis, de l'Aménagement, de l'Exploitation, etc., etc., des Forêts, par MM. Crinon et Vasserot. 1 vol. 1 fr. 25

— **Formulaire de Mécanique et d'Industrie.** Voyez *Technologie physique et mécanique.*

— **Galvanoplastie,** ou Traité complet de cet Art, contenant tous les procédés les plus récents, par MM. Smee, Jacobi, de Valicourt, etc., etc. 2 vol. ornés de fig. 6 fr.

— **Gants** (Fabricant de) dans ses rapports avec la Mégisserie et la Chamoiserie, par VALLET D'ARTOIS, ancien fabricant. 1 vol. 3 fr. 50

— **Garantie des matières d'Or et d'Argent,** par M. LACHÈZE, contrôleur à Paris. 1 vol. 1 fr. 75

— **Gardes-Champêtres, Gardes-Forestiers et Gardes-Pêche,** par M. BOYARD, président à la Cour d'appel d'Orléans, et M. VASSEROT, avocat à la Cour Impériale de Paris, 1 vol. 2 fr. 50

— **Gardes-Malades,** et personnes qui veulent se soigner elles-mêmes, par M. le docteur MORIN. 1 vol. 2 fr. 50

— **Gardes nationaux de France,** contenant l'Ecole du soldat et de peloton, les Ordonnances, Règlements, etc., etc., par M. R. L. 33e édit. 1 vol. 1 fr. 25

— **Gaz** (Fabrication du), et Traite de l'Eclairage au gaz, à l'usage des Ingénieurs d'Usines à gaz, etc., par M. MAGNIER. 1 vol. orné de figures. 3 fr. 50

— **Géographie de la France,** divisée par bassins, par M. LORIOL (*Autorisé par l'Université*). 1 vol. 2 fr. 50

— **Géographie générale,** par M. DEVILLIERS. 1 gros vol. de plus de 400 pages, orné de 7 jolies cartes. 3 fr. 50

— **Géographie physique,** ou Introduction à l'étude de la Géologie, par M. HUOT. 1 vol. 3 fr.

— **Géologie,** ou Traité élémentaire de cette science, par MM. HUOT et D'ORBIGNY. 1 vol. orné de pl. 3 fr.

— **Géométrie,** ou Exposition élémentaire des principes de cette science, par M. TERQUEM (*Ouvrage autorisé par l'Université*). 1 gros vol. 3 fr. 50

— **Glaces,** voyez *Verrier*.

— **Glacier,** voyez *Limonadier*.

— **Gnomonique,** ou l'Art de tracer les cadrans, par M. BOUTEREAU. 1 vol. orné de figures. 3 fr.

— **Gouache,** voyez *Miniature*.

— **Gourmands,** ou l'Art de faire les honneurs de sa table, par CARDELLI. 1 vol. 3 fr.

— **Graveur,** ou Traité complet de l'Art de la Gravure en tous genres, par MM. PERROT et MALEPEYRE. 1 vol. orne de planches. 3 fr.

— **Greffes** (Monographie des), ou Description des diverses sortes de Greffes employées pour la multiplication des végétaux, par M. THOUIN, de l'Institut, etc. 1 vol. orné de 8 planches. 2 fr. 50

— **Greffiers,** voyez *Aspirants* aux fonctions de Greffiers.

— **Gutta-Percha,** CAOUTCHOUC, etc. Voyez *Caoutchouc*.

— **Gymnastique,** par M. le colonel AMOROS. (*Ouvrage couronné par l'Institut, admis par l'Université, etc.*) 2 vol. et Atlas. 10 fr. 50

— **Habitants de la Campagne** et Bonne Fermière, contenant tous les moyens de faire valoir, de la manière la plus profitable, les terres, le bétail, les récoltes, etc., par madame Celnart. 1 vol. 2 fr. 50

— **Héraldique** (Art), voyez *Blason*.

— **Herboriste**, voyez *Histoire naturelle médicale*.

— **Histoire naturelle (Atlas D').** Pour la Botanique, 120 planches. Figures noires. 9 fr.
Figures coloriées. 18 fr.
— Pour les Mollusques, 51 planches, fig. noires. 3 fr. 50
Figures coloriées. 7 fr.
— Pour les Crustacés, 18 planches, fig. noires. 1 fr. 50
Figures coloriées. 3 fr.
— Pour les Insectes, 110 planches, figures noires. 9 fr.
Figures coloriées. 18 fr.
— Pour les Mammifères, 80 planches, fig. noires. 6 fr.
Figures coloriées. 12 fr.
— Pour les Minéraux, 40 planches, fig. noires. 3 fr.
Figures coloriées. 6 fr.
— Pour les Oiseaux, 129 planches, fig. noires. 10 fr.
Figures coloriées. 20 fr.
— Pour les Poissons, 155 planches, fig. noires. 12 fr.
Figures coloriées. 24 fr.
— Pour les Reptiles, 54 planches, fig. noires. 5 fr.
Figures coloriées. 10 fr.
— Pour les Zoophytes, 25 planches, fig. noires. 3 fr.
Figures coloriées. 6 fr.

— **Histoire naturelle médicale et de Pharmacographie**, ou Tableau des Produits que la Médecine et les Arts empruntent à l'Histoire naturelle, par M. Lesson, pharmacien en chef de la marine à Rochefort. 2 vol. 5 fr.

— **Histoire universelle**, depuis le commencement du monde, par Cahen. 1 vol. 2 fr. 50

— **Horloger**, comprenant la Construction détaillée de l'Horlogerie ordinaire et de précision, de l'Horlogerie électrique, et, en général, de toutes les machines propres à mesurer le temps; par MM. Lenormand, Janvier et Magnier, revu par M. L. S.-T., ancien élève de l'Ecole Polytechnique. 1 vol. et atlas. 5 fr.

— **Horloges** (Régulateur des), Montres et Pendules, par MM. Berthoud et Janvier. 1 vol. orné de fig. 1 fr. 50

— **Huiles végétales et animales** (Fabricant et Epurateur d'), par M. F. Malepeyre. 1 gros vol. orné de figures. 3 fr. 50

— **Huissiers**, voy. *Aspirants* aux fonctions d'Huissiers.

— **Hygiène,** ou l'Art de conserver sa santé, par le docteur MORIN. 1 vol. 3 fr.

— **Imprimerie,** voyez *Typographie*, *Lithographie*, *Taille-douce*.

— **Indiennes** (Fabricant d'), renfermant les Impressions des Laines, des Châles et des Soies, par MM. THILLAYE et VERGNAUD. 1 vol. avec planches. 3 fr. 50

— **Ingénieur Civil,** par MM. JULLIEN, LORENTZ et SCHMITZ, Ingénieurs Civils. 2 gros vol. avec 1 Atlas renfermant 28 planches. 10 fr. 50

— **Instruments de Chirurgie** (Fabricant d') par H.-C. LANDRIN. 1 gros vol. orné de planches. 3 fr. 50

— **Irrigations et assainissement des Terres,** ou Traité de l'emploi des Eaux en agriculture, par M. le marquis DE PARETO, 4 vol. ornés d'un Atlas composé de 40 planches. 18 fr.

— **Jardinier,** ou l'Art de cultiver et de composer toutes sortes de Jardins, par M. BAILLY. 2 gros vol. ornés de figures. 5 fr.

— **Jardins** (Art de cultiver les), renfermant un Calendrier indiquant mois par mois tous les travaux à faire en Jardinage, les principes d'Horticulture, etc., par UN JARDINIER AGRONOME. 1 gros vol. orné de fig. 3 fr. 50

— **Jaugeage et Débitants de Boissons.** 1 vol. orné de fig. Voyez *Vins*. 3 fr. 50

— **Jeunes gens,** ou Sciences, Arts et Récréations qui leur conviennent, et dont ils peuvent s'occuper avec agrément et utilité, par M. VERGNAUD. 2 vol. ornés de fig. 6 fr.

— **Jeux de Calcul et de Hasard,** ou nouvelle Académie des Jeux, par M. LEBRUN. 1 vol. 3 fr.

— **Jeux de Société,** renfermant tous ceux qui conviennent aux deux sexes, par Mme CELNART. 1 vol. 3 fr.

— **Jeux enseignant la Science,** ou Introduction à l'étude de la Mécanique, de la Physique, etc., par M. RICHARD. 2 vol. 6 fr.

— **Justices de Paix,** ou Traité des Compétences et Attributions tant anciennes que nouvelles, en toutes matières, par M. BIRET, ancien magistrat. 1 vol. 3 fr. 50

LE MÊME OUVRAGE, 1 vol. in-8. (*Voyez* page 69.) 6 fr.

— **Laiterie,** ou Traité de toutes les méthodes pour la Laiterie, l'Art de faire le Beurre, de confectionner les Fromages, etc., par M. THIÉBAUT DE BERNEAUD. 1 vol. orné de figures. 2 fr. 50

— **Lampiste,** voyez *Ferblantier*.

— **Langage** (Pureté du), par M. BLONDIN. 1 vol. 1 fr. 50

— **Langage** (Pureté du), par MM. BISCARRAT et BONIFACE. 1 vol. 2 fr. 50

— **Limonadier**, Glacier, Cafetier et Amateur de thés, par MM. CHAUTARD et JULIA DE FONTENELLE. 1 volume avec figures. 2 fr. 50

— **Liqueurs**, voyez *Distillateur*, *Liquides*.

— **Liquides (Amélioration des)**, tels que Vins, Vins mousseux, Alcools, Spiritueux, Vinaigres, etc., contenant les meilleures formules pour le coupage et l'imitation des Vins de tous les crûs, etc., par M. LEBEUF. 1 vol. 3 fr.

— **Liquoriste**, voyez *Distillateur*.

— **Lithographe** (Imprimeur), par MM. BREGEAUT, KNECHT et Jules DESPORTES. 1 gros vol. avec Atlas. 5 fr.

— **Littérature** à l'usage des deux sexes, par madame D'HAUTPOUL. 1 vol. 1 fr. 75

— **Luthier**, contenant la Construction intérieure et extérieure des instruments à archets, par M. MAUGIN. 1 volume. 2 fr. 50

— **Machines à Vapeur** appliquées à l'Industrie. (*Sous presse.*)

— **Machines à Vapeur** appliquées à la Marine, par M. JANVIER, officier de marine et ingénieur civil, 1 vol. avec fig. 3 fr. 50

— **Machines Locomotives** (Constructeur de), par M. JULLIEN, Ingénieur civil, etc. 1 gros volume avec Atlas. 5 fr.

— **Machines-Outils** employées dans les usines et ateliers de construction, pour le Travail des Métaux, par M. CHRÉTIEN. 2 vol. accompagnés d'un atlas de 16 planches in-8º jésus. 10 fr. 50

LE MÊME OUVRAGE. 1 vol. in-8º jésus, renfermant l'Atlas. (Voyez page 55.) 12 fr.

— **Maçon, Couvreur, Paveur, Carreleur, Stucateur et Bitumeur**, contenant l'emploi, dans ces industries, des matières calcaires, siliceuses et bitumineuses, par MM. TOUSSAINT et D. MAGNIER. 1 volume accompagné de 12 planches. 3 fr. 50

— **Magie blanche**, voyez *Sorcellerie*, *Sorciers*.

— **Magie Naturelle et Amusante**, par M. VERGNAUD. 1 vol. avec figures. 3 fr.

— **Maires** (Guide des), Adjoints, Conseillers et Officiers Municipaux, rédigé *par ordre alphabétique*, par M. Ch. VASSEROT, ancien adjoint, avocat à la Cour Impériale de Paris. 1 gros vol. 3 fr. 50

Voyez *Manuel des Maires*, par M. BOYARD. 2 vol. in-8º (page 69). 12 fr.

— **Maître d'Hôtel**, ou Traité complet des menus, mis à la portée de tout le monde, par M. Chevrier. 1 vol. orné de figures. 3 fr.

— **Maîtresse de Maison**, ou Conseils et Recettes sur l'Economie domestique, par MMes Pariset et Celnart. 1 vol. 2 fr. 50

— **Maladie de la Vigne**, voyez *Vigne*.

— **Mammalogie**, ou Histoire naturelle des Mammifères, par M. Lesson. 1 gros vol. 3 fr. 50

Atlas de mammalogie, composé de 80 planches représentant la plupart des animaux décrits dans l'ouvrage ci-dessus: figures noires, 6 fr.; fig. coloriées, 12 fr.

— **Marbrier, Constructeur et Propriétaire de maisons**, par MM. B. et M. 1 vol. avec un bel Atlas renfermant 20 planches gravées sur acier. 7 fr.

— **Marine**, Gréement, manœuvre du Navire et Artillerie, par M. Verdier, capitaine de corvette. 2 vol. ornés de figures. 5 fr.

— **Mathématiques appliquées**, par M. Richard. 1 gros vol. avec figures. 3 fr.

— **Mécanicien-Fontainier, Sondeur, Pompier et Plombier**, par MM. Janvier, Biston et Malepeyre. 1 vol. orné de planches. 3 fr. 50

— **Mécanique**, ou Exposition élémentaire des lois de l'Équilibre et du Mouvement des Corps solides, par M. Terquem. 1 gros vol. orné de planches. 3 fr. 50

— **Mécanique appliquée à l'Industrie**, voyez *Technologie mécanique*.

— **Mécanique pratique**, à l'usage des directeurs et contre-maîtres, par M. Bernouilli, traduit par Valérius, 1 vol. 2 fr.

— **Médecine et Chirurgie domestiques**, par M. le docteur Morin. 1 vol. 3 fr. 50

— **Menuisier, Ébéniste, Layetier, Marqueteur et Sculpteur sur bois**, par M. Nosban. 2 vol. avec planches. 7 fr.

— **Menuiserie simplifiée**, à l'usage des amateurs et des apprentis, par M. Bouzique. 1 vol. avec pl. 1 fr. 50

— **Métaux** (Travail des), Fer et Acier manufacturés, par M. Vergnaud. 2 vol. 6 fr.

— **Métreur et Vérificateur en bâtiments**, ou Traité de l'Art de métrer et de vérifier tous les ouvrages en bâtiments, par M. Lebossu, architecte expert.

Première partie. Terrasse et maçonnerie. 1 vol. 2 fr. 50

Deuxième partie. Menuiserie, peinture, tenture, vitrerie,

dorure, charpente, serrurerie, couverture, plomberie, marbrerie, carrelage, pavage, poêlerie, etc. 1 vol. 2 fr. 50
Voyez *Toiseur en bâtiments*.

— **Meunier** et **Constructeur de moulins**. Voyez *Boulanger*.

— **Microscope** (Observateur au), par F. DUJARDIN, 1 vol. avec Atlas de 30 planches. 10 fr. 50

— **Mines** (Exploitation des), par J.-F. BLANC.
1re *partie*, HOUILLE. 1 vol. avec figures. 3 fr. 50
2e *partie*, FER, PLOMB, CUIVRE, ÉTAIN, ARGENT, OR, ZINC, DIAMANT, etc. 1 vol. avec fig. 3 fr. 50

— **Militaire** (Art), à l'usage des Militaires de toutes les armes, par M. VERGNAUD. 1 vol. orné de fig. 3 fr.

— **Minéralogie**, ou Tableau des Substances minérales, par M. HUOT. 2 vol. ornés de fig. 6 fr.

ATLAS DE MINÉRALOGIE, composé de 40 planches représentant la plupart des Minéraux décrits dans l'ouvrage ci-dessus; fig. noires, 3 fr. — Fig. coloriées. 6 fr.

— **Miniature**, Gouache, Lavis à la Sépia, Aquarelle et Peinture à la cire, par MM. C. VIGUIER, LANGLOIS DE LONGUEVILLE et DUROZIEZ. 1 gros vol. orné de fig. 3 fr.

— **Mollusques** (Histoire naturelle des) et de leurs coquilles, par M. SANDER-RANG. 1 vol. avec planches. 3 fr. 50

ATLAS POUR LES MOLLUSQUES, représentant les Mollusques nus et les Coquilles. 51 planches, fig. noires. 3 fr. 50
Figures coloriées. 7 fr.

— **Morale**, ou Droits et Devoirs dans la Société. 1 vol. 75 c.

— **Moraliste**, ou Pensées et Maximes instructives pour tous les âges de la vie, par M. TREMBLAY. 2 vol. 5 fr.

— **Mouleur**, ou l'Art de mouler en plâtre, carton, carton-pierre, carton-cuir, cire, plomb, argile, bois, écaille, corne, etc., par M. LEBRUN. 1 vol. orné de fig. 2 fr. 50

— **Mouleur en Médailles**, etc., par M. ROBERT, 1 vol. avec fig. 1 fr. 50

— **Moutardier**, voyez *Vinaigrier*.

— **Municipaux** (Officiers), voyez *Maires*.

— **Musique**, ou Grammaire contenant les principes de cet Art, par M. LEDH'UY. 1 vol. avec 48 pages de musique. 1 fr. 50

— **Musique Vocale et Instrumentale**, ou Encyclopédie musicale, par M. CHORON, ancien directeur de l'Opéra, fondateur du Conservatoire de Musique classique et religieuse, et M. DE LAFAGE, professeur de chant et de composition.

— Première partie : Exécution. Connaissances élémentaires. Sons, Notations, Instruments. 1 vol. et Atlas. 5 f.

— Deuxième partie : Composition. Mélodie et Harmonie. Contre-Point. Imitation. Instrumentation. Musique vocale et instrumentale d'Eglise, de Chambre et de Théâtre. 3 vol. et 3 Atlas. 20 fr.

— Troisième partie : Complément ou Accessoire. Théorie physico-mathématique. Institutions. Histoire de la musique. Bibliographie. Résumé général. 2 volumes avec Atlas. 10 fr. 50

SOLFÈGES, MÉTHODES.

Solfège d'Italie.	12 f.	»	Méthode de Cor.	1 f.	50
— de Rodolphe	4	»	— de Basson.	»	75
Méthode de violon.	3	»	— de Serpent.	1	50
— d'Alto.	1	»	— de Trompette et Trombone.	»	75
— de Violoncelle.	4	50	— d'Orgue.	3	50
— de Contre-basse.	1	25	— de Piano.	4	50
— de Flûte.	5	»	— de Harpe.	3	50
— de Hautbois. / — de Cor anglais.	1	75	— de Guitare.	3	»
— de Clarinette.	2	»	— de Flageolet.	2	»

— **Mythologies** grecque, romaine, égyptienne, syrienne, africaine, etc., par M. Dubois. (*Ouvrage autorisé par l'Université.*) 1 vol. 2 fr. 50

— **Nageurs**, Baigneurs et Pédicures, par M. Julia de Fontenelle. 1 vol. orné de vignettes et de planches. 3 fr.

— **Naturaliste-Préparateur**, ou l'Art d'empailler les animaux, de conserver les Végétaux et les Minéraux, de préparer les pièces d'Anatomie et d'embaumer, par M. Boitard. 1 vol. avec fig. 3 fr. 50

— **Navigation**, contenant la manière de se servir de l'Octant et du Sextant, les méthodes usuelles d'astronomie nautique, suivi d'un Supplément contenant les méthodes de calcul exigées des candidats au grade de Maître au cabotage, par M. Giquel, professeur d'hydrographie. 1 vol. orné de fig. 2 fr. 50

— **Navigation intérieure**, à l'usage des Pilotes, Mariniers et Agents, ou devoirs des mariniers et agents employés au service de la navigation intérieure, par M. Beauvalet, inspecteur. 1 vol. 2 fr. 50

— **Négociant en Eaux-de-vie**, Liquoriste, Marchand de vin et Distillateur, par MM. Ravon et Malepeyre, 1 vol. 75 c.

— **Notaires**, voy. *Aspirants* aux fonctions de Notaires.

— **Numismatique ancienne,** par M. BARTHÉLEMY, ancien élève de l'École des Chartes. 1 gros vol. orné d'un Atlas renfermant 433 figures. 5 fr.

— **Numismatique moderne et du moyen-âge,** par M. BARTHÉLEMY. 1 gros vol. orné d'un Atlas renfermant 12 planches. 5 fr.

— **Octrois** et autres impositions indirectes, par M. BIRET. 1 vol. 3 fr. 50

— **Oiseaux de volière,** voyez *Ornithologie domestique.*

— **Oiseleur,** ou Secrets anciens et modernes de la Chasse aux Oiseaux, par M. J. G., 1 vol. orné de fig. 2 fr. 50

— **Onanisme** (Dangers de l'), par M. DOUSSIN-DUBREUIL. 1 vol. 1 fr. 25

— **Optique,** ou Traité complet de cette science, par BREWSTER et VERGNAUD. 2 vol. avec fig. 6 fr.

— **Organiste,** 1re PARTIE, contenant l'histoire de l'Orgue, sa description, la manière de le jouer, etc., par M. GEORGES SCHMITT, organiste de Saint-Sulpice. 1 vol. orné de fig. et de musique. 2 fr. 50

— **Organiste,** 2e PARTIE, contenant l'expertise de l'Orgue, sa description, la manière de l'entretenir et de l'accorder soi-même, suivi de Procès-verbaux pour la réception des Orgues de toute espèce, par M. CHARLES SIMON, organiste de Notre-Dame des Victoires et de Saint-Denis. 1 vol. orné de planches et de musique. 1 fr. 50

— **Organiste,** 3e PARTIE, COMPLÉMENT, contenant le Plain-Chant romain et français, une nouvelle Méthode à l'usage des personnes qui ne connaissent pas la musique pour exécuter sur l'orgue tous les offices de l'année, suivi de Préludes pour l'Orgue, notés d'après le système ordinaire, par M. MINÉ, ancien organiste à Saint-Roch. 1 vol. et un fort atlas in-8 oblong. 5 fr.

— **Orgues** (Facteur d'), contenant le travail de DOM BÉDOS, etc., etc., par M. HAMEL, de Beauvais. 3 vol. avec un Atlas in-folio. 18 fr.

— **Ornementiste,** voyez *Décorateur*.

— **Ornithologie,** ou Description des genres et des principales espèces d'oiseaux, par M. LESSON. 2 vol. 7 fr.

ATLAS D'ORNITHOLOGIE, composé de 129 planches représentant les oiseaux décrits dans l'ouvrage ci-dessus; figures noires, 10 fr.; figures coloriées. 20 fr.

— **Ornithologie domestique,** ou Guide de l'Amateur des oiseaux de volière, par M. LESSON. 1 vol. 2 fr. 50

— **Orthographiste,** ou Cours théorique et pratique d'Orthographe, par M. Trémery. 1 vol. 2 fr. 50

— **Paléontologie,** ou des Lois de l'organisation des êtres vivants comparées à celles qu'ont suivies les Espèces fossiles et humatiles dans leur apparition successive; par M. Marcel de Serres, professeur à la Faculté des Sciences de Montpellier. 2 vol. avec Atlas. 7 fr.

— **Papetier et Régleur** (Marchand), par MM. Julia de Fontenelle et Poisson. 1 gros vol. avec pl. 3 fr. 50

— **Papiers** (Fabricant de), Carton et Art du Formaire, par M. Lenormand. 2 vol. et Atlas. 10 fr. 50

— **Papiers de Fantaisie** (Fabricant de), Papiers marbrés, jaspés, maroquinés, gaufrés, dorés, etc.; Peau d'âne factice, Papiers métalliques; Cire et Pains à cacheter, Crayons, etc., etc., par M. Fichtenberg. 1 vol. orné de modèles de papiers. 3 fr.

— **Papiers peints** (Fabricant de), voyez *Étoffes imprimées*.

— **Parfumeur,** contenant une foule de procédés nouveaux, employés en France, en Angleterre et en Amérique, à l'usage des chimistes-fabricants et des ménages, par MM. Pradal et F. Malepeyre. 1 vol. orné de fig. 3 fr.

— **Patinage** et Récréations sur la Glace, par M. Paulin-Désormeaux. 1 vol. orné de 4 planches. 1 fr. 25

— **Pâtissier et Pâtissière,** ou Traité complet et simplifié de Pâtisserie de ménage, de boutique et d'hôtel, par M. Leblanc. 1 volume. 2 fr. 50

— **Paveur et Carreleur,** voyez *Maçon*.

— **Pêcheur,** ou Traité général de toutes les pêches *d'eau douce et de mer*, contenant l'histoire et la pêche des animaux fluviatiles et marins, les diverses pêches à la ligne et aux filets en eau douce et salée, la fabrication des instruments de pêche et des filets, l'empoissonnement des étangs et des viviers, la législation relative à la pêche fluviale et maritime, par MM. Pesson-Maisonneuve, Moriceau et G. Paulin. 1 joli vol. avec vignettes et planches. 3 fr. 50

— **Pêcheur-Praticien,** ou les Secrets et Mystères de la Pêche à la ligne dévoilés, par M. Lambert, amateur; suivi de l'Art de faire des filets. 1 joli vol. orné de fig. 1 fr. 75

On vend séparément : Droits des pêcheurs, ou définition de la ligne flottante permise sans payer; brochure in-18. 25 c.

(*Extr. de l'ouvrage précédent.*)

— **Peintre d'histoire et Sculpteur,** ouvrage dans lequel on traite de la philosophie de l'Art et des moyens pratiques, par M. Arsenne, peintre. 1 vol. 3 fr. 50

— **Peintre d'histoire naturelle,** contenant des notions générales sur le dessin, le clair-obscur, l'effet des couleurs naturelles et artificielles, les divers genres de peintures, etc., par M. Duménil. 1 vol. orné de figures. 3 fr.

— **Peinture à la cire**, voyez *Miniature*.

— **Peinture à l'Aquarelle** (Cours de), par M. P. D. 1 vol. orné de planches coloriées. 1 fr. 75

— **Peintre en Bâtiments,** Vitrier, Doreur, Argenteur et Vernisseur, par MM. Riffault, Vergnaud et Toussaint. 1 vol. orné de fig. 3 fr.

— **Peinture et Fabrication des Couleurs,** ou Traité des diverses Peintures, à l'usage des deux sexes, par M. Joseph Panier, élève et successeur de M. Lambertye, fabricant de couleurs fines, etc. 1 vol. 1 fr. 50

— **Peinture sur Verre, sur Porcelaine et sur Émail,** traitant, outre ces différents arts, de la fabrication des Emaux et des Couleurs vitrifiables, ainsi que de l'Emaillage sur métaux communs et sur poteries, par MM. Reboulleau et Magnier. 1 vol. accompagné de figures. 3 fr.

— **Perspective,** Dessinateur et Peintre, par M. Vergnaud, chef d'escadron d'artillerie. 1 vol. orné d'un grand nombre de planches. 3 fr.

— **Petits-Fours,** voyez *Confiseur*, *Pâtissier*.

— **Pharmacie Populaire,** simplifiée et mise à la portée de toutes les classes de la société, par M. Julia de Fontenelle. 2 vol. 6 fr.

— **Philosophie expérimentale,** à l'usage des collèges et des gens du monde, par M. Amice, régent dans l'Académie de Paris. 1 gros vol. 3 fr. 50

— **Photographie** sur Métal, sur Papier et sur Verre, contenant toutes les découvertes les plus récentes dans la Daguerréotypie, par M. de Valicourt. 2 vol. ornés de fig. 6 fr.

— **Photographe** (Guide du), ou l'Art pratique et théorique de faire des Portraits sur Verre, Papier, Métal, etc., etc., au moyen de l'action de la lumière, par MM. J. Sella et de Valicourt. 1 gros vol. 3 fr. 50

— **Photographie** (Répertoire de), par M. de Latreille. 1 gros vol. 3 fr. 50

— **Photographie simplifiée** sur Verre et sur Papier, par M. de Valicourt. 1 gros volume. 1 fr. 50

— **Physicien-Préparateur,** ou nouvelle Description d'un cabinet de Physique, par MM. Ch. Chevalier et le docteur Fau. 2 gros vol. avec un Atlas de 88 pl. 15 fr.

— **Physiologie végétale,** Physique, Chimie et Minéralogie appliquées à la culture, par M. Boitard. 1 vol. orné de planches. 3 fr.

— **Physionomiste et Phrénologiste,** ou les Caractères dévoilés par les signes extérieurs, d'après Lavater, par MM. H. Chaussier fils et le docteur Morin. 1 vol. avec figures. 3 fr.

— **Physionomiste des Dames,** d'après Lavater, par un Amateur. 1 vol. avec figures. 3 fr.

— **Physique appliquée aux Arts et Métiers,** principalement à la construction des Fourneaux, des Calorifères, des Machines à vapeur, des Pompes, l'Art du Fumiste, l'Opticien, Distillateur, Sècheries, Artillerie à vapeur, Éclairage, Bélier et Presse hydrauliques, Aréomètres, Lampe à niveau constant, etc., par MM. Guilloud et Terrien. 1 vol. orné de figures. 3 fr. 50

— **Physique amusante** ou Nouvelles récreations physiques, par MM. J. de Fontenelle et F. Malepeyre. 1 gros vol. orné de planches. 3 fr. 50

— **Plâtrier,** voyez *Chaufournier.*

— **Plombier-Zingueur,** voyez *Mécanicien-Fontainier.*

— **Poêlier-Fumiste,** indiquant les moyens d'empêcher les cheminées de fumer, de chauffer économiquement et d'aérer les habitations, les ateliers, etc., par MM. Ardenni et Julia de Fontenelle. 1 volume. 3 fr. 50

— **Poids et Mesures,** Monnaies, Calcul décimal et Vérification, par M. Tarbé, conseiller à la Cour de Cassation; *approuvé par le Ministre du Commerce, l'Université, la Société d'Encouragement, etc.* 1 volume. 3 fr.

Petit Manuel classique pour l'enseignement élémentaire, sans Tables de conversions, par M. Tarbé (*Autorisé par l'Université*). 25 c.

Petit Manuel à l'usage des Ouvriers et des Écoles, avec Tables de conversions, par M. Tarbé. 25 c.

Petit Manuel à l'usage des Agents Forestiers, des Propriétaires et Marchands de bois, par M. Tarbé. 75 c.

Poids et Mesures à l'usage des Médecins, etc., par M. Tarbé. 25 c.

Tableau synoptique des Poids et Mesures, par M. Tarbé. 75 c.

Tableau figuratif des Poids et Mesures, par M. Tarbé. 75 c.

— **Poids et Mesures,** Comptes-faits ou Barême général des Poids et Mesures, par M. Achille Nouhen. *Ou-*

vrage divisé en cinq parties qui se vendent toutes séparément.

1re partie : Mesures de LONGUEUR. 60 c.
2e partie, — de SURFACE. 60 c.
3e partie, — de SOLIDITÉ. 60 c.
4e partie, Mesures POIDS. 60 c.
5e partie, — de CAPACITÉ. 60 c.

— **Poids et Mesures** (Barême complet des), par M. BAGILET. 1 vol. 3 fr.

— **Poids et Mesures** (Fabrication des), contenant en général tout ce qui concerne les Arts du Balancier et du Potier d'étain, et seulement ce qui est relatif à la Fabrication des Poids et Mesures dans les Arts du Fondeur, du Ferblantier, du Boisselier, par M. RAVON, ancien vérificateur au bureau central des Poids et Mesures. 1 vol orné de figures. 3 fr

— **Police de la France,** par M. TRUY, commissaire de police à Paris. 1 vol. 2 fr. 50

— **Politesse** (Guide de la), voyez *Bonne Compagnie.*

— **Pompier** (Fabricant de pompes), voyez *Mécanicien-Fontainier.*

— **Ponts-et-Chaussées :** *Première partie,* ROUTES et CHEMINS, par M. DE GAYFFIER, ingénieur des Ponts-et-Chaussées. 1 vol. avec fig. 3 fr. 50

— *Seconde partie,* PONTS, AQUEDUCS, etc., par M. DE GAYFFIER. 1 vol. avec fig. 3 fr. 50

— **Porcelainier,** Faïencier, Potier de terre, contenant des notions pratiques sur la fabrication des Grès cérames, des Pipes, des Boutons en porcelaine et des diverses Porcelaines tendres, par M. D. MAGNIER, ingénieur civil. 2 volumes avec planches. 5 fr.

— **Potier d'étain,** voyez *Fabrication des Poids et Mesures.*

— **Praticien,** ou Traité de la Science du Droit, mise à la portée de tout le monde, par MM. D... et RONDONNEAU. 1 gros vol. 3 fr. 50

— **Prestidigitation,** voyez *Sorcellerie.*

— **Produits chimiques** (Fabricant de), formant un Traité de Chimie appliquée aux arts, à l'industrie et à la médecine, et comprenant la description de tous les procédés et de tous les appareils en usage dans les laboratoires de chimie industrielle, par M. G.-E. LORMÉ. 4 gros volumes et Atlas de 16 planches in-8 jésus. 18 fr.

— **Propriétaire, Locataire** et Sous-Locataire, tant des biens de ville que des biens ruraux ; rédigé *par* *ordre alphabétique*, par MM. SERGENT et VASSEROT. 1 v. 2 fr. 50

— **Relieur** dans toutes ses parties, contenant les Arts d'assembler, de satiner, de brocher et de dorer, par M. Séb. LENORMAND et M. R. 1 gros vol. orné de planches. 3 fr.

— **Roses** (Amateur de), leur Monographie, leur Histoire et leur culture, par M. BOITARD. 1 vol. fig. noires, 3 fr. 50; — fig. coloriées. 7 fr.

— **Sapeur-Pompier**, ou Théorie sur l'extinction des Incendies, par M. PAULIN, ancien commandant des Sapeurs-Pompiers de Paris. 1 vol. 1 fr. 50

— **Sapeur-Pompier**, ouvrage composé par le corps des officiers formant l'état-major, *publié par ordre du Ministre de la Guerre*. 1 joli vol. renfermant une foule de gravures sur bois imprimées dans le texte, suivi d'un *Questionnaire*, traitant de toutes les matières contenues dans le Manuel par demandes et réponses. 3 fr.

— **Sapeurs-Pompiers** (Théorie des), extrait du Manuel du Sapeur-Pompier, *imprimé par ordre du Ministre de la Guerre*. 75 c.

— **Sauvetage**. (*Sous presse.*)

— **Savonnier**, ou Traité de la Fabrication des Savons, contenant des notions sur les Alcalis, les corps gras saponifiables, et des instructions sur la Fabrication des Savons, par M. E. LORME. 1 vol. accompagné de figures. 3 fr. 50

— **Sculpteur**, voyez *Peintre et Sculpteur*.

— **Sculpteur sur bois**, voyez *Menuisier*.

— **Serrurier**, ou Traité complet et simplifié de cet Art, par M. PAULIN-DÉSORMEAUX et M. H. LANDRIN, ingénieur civil. 1 fort vol. et Atlas de 16 planches. 5 fr.

— **Sirops**, voyez *Confiseur*, *Distillateur*, *Liquides*.

— **Soierie**, contenant l'Art d'élever les Vers à soie et de cultiver le Mûrier; l'Histoire, la Géographie et la Fabrication des Soieries, à Lyon, ainsi que dans les autres localités nationales et étrangères, par M. DEVILLIERS. 2 vol. et Atlas. 10 fr. 50

— **Sommelier**, ou la Manière de soigner les Vins, de prévenir leur altération et de les rétablir. par MM. A. et C. E. JULLIEN. 1 volume avec figures. 3 fr.

— **Sondeur**. V. *Chaufournier*, *Mécanicien-Fontainier*.

— **Sorcellerie Ancienne et Moderne expliquée**, ou Cours de Prestidigitation, contenant tous les Tours nouveaux qui ont été exécutés jusqu'à ce jour, sur les théâtres ou ailleurs, et qui n'ont pas encore été publiés, etc., par M. PONSIN. 1 gros vol. 3 fr. 50

— SUPPLÉMENT A LA SORCELLERIE EXPLIQUÉE, par M. PONSIN. 1 vol. 1 fr. 25

— **Sorciers,** ou la Magie blanche dévoilée par les découvertes de la Chimie, de la Physique et de la Mécanique, par MM. COMTE et JULIA DE FONTENELLE. 1 gros vol. orné de planches. 3 fr.

— **Soufflerie,** voyez *Forgeron, Tonnelier.*

— **Souffleur à la Lampe et au Chalumeau,** par M. PÉDRONI, professeur de chimie. 1 volume orné de figures. 2 fr. 50

— **Sucres** (Fabricant et Raffineur de) (*Sous presse*).

— **Sténographie,** ou l'Art de suivre la parole en écrivant, par M. H. PRÉVOST. 1 vol. 1 fr. 75

— **Tabac** (Fabricant et Amateur de), contenant son Histoire, sa Culture et sa Fabrication, par P. CH. JOUBERT. 1 vol. 2 fr. 50

— **Taille-Douce** (Imprimeur en), par MM. BERTHIAUD et BOITARD. 1 vol. avec fig. 3 fr.

— **Tailleur d'Habits,** contenant la manière de tracer, couper et confectionner les Vêtements, par M. VANDAEL, tailleur. 1 vol. orné de planches. 2 fr. 50

— **Tanneur,** Corroyeur, Hongroyeur et Boyaudier, par M. JULIA DE FONTENELLE. 1 vol. avec fig. 3 fr. 50

— **Tapissier,** Décorateur et marchand de Meubles, par M. GARNIER AUDIGER, ancien vérificateur du Garde-Meuble de la Couronne. 1 vol. orné de fig. 2 fr. 50

— **Technologie physique et mécanique,** ou FORMULAIRE à l'usage des Ingénieurs, des Architectes, des Constructeurs et des Chefs d'usines, par M. ANSIAUX, ingénieur. 1 vol. 3 fr.

— **Télégraphe Électrique,** ou Traité de l'Électricité et du Magnétisme appliqués à la transmission des signaux, par MM. WALKER et MAGNIER, 1 vol. orné de figures. 1 fr. 75

— **Teneur de Livres,** renfermant un Cours de tenue de Livres en partie simple et en partie double, par MM. TRÉMERY et Aug. TERRIÈRE (*Ouvrage autorisé par l'Université*). 1 vol. 3 fr.

— **Teinturier,** contenant l'Art de Teindre en Laine, Soie, Coton, Fil, etc., par M. VERGNAUD. 1 gros vol. avec figures. 3 fr. 50

— **Teinturier** (SUPPLÉMENT), contenant les Formules d'après les méthodes parisienne, rouennaise, alsacienne et allemande, pour teindre le coton et la laine, par M. L. ULRICH. 1 vol. 1 fr. 75

— **Terrassier**, par MM. Étienne et Masson. 1 vol. orné de 20 planches. 3 fr. 50

— **Théâtral** et du Comédien, contenant les principes de l'Art de la parole, par Aristippe Bernier de Maligny. 1 vol. 3 fr. 50

— **Tisserand**, ou Description des procédés et machines employés pour les divers tissages, par MM. Lorentz et Jullien. 1 vol. orné de fig. 3 fr. 50

— **Tissus** (Dessin et Fabrication des) façonnés, tels que Draps, Velours, Ruban, Gilet, Coutil, Châle, Passementerie, Gazes, Barèges, Tulle, Peluche, Damassé, Mousseline, etc., par M. Toustain. 2 vol. et Atlas in-4 de 26 pl. 15 fr.

— **Toiseur en Bâtiment**; 1re *partie* : Terrasse et Maçonnerie, par M. Lebossu, architecte-expert. 1 vol. avec figures. 2 fr. 50

— *Deuxième partie* : Menuiserie, Peinture, Tenture, Vitrerie, Dorure, Charpente, Serrurerie, Couverture, Plomberie, Marbrerie, Carrelage, Pavage, Poêlerie, Fumisterie, etc., par M. Lebossu. 1 vol. 2 fr. 50

Voyez *Mètreur en Bâtiments*.

— **Tonnelier et Boisselier**, suivi de l'Art de faire les Cribles, Tamis, Soufflets, Formes et Sabots, par M. Désormeaux. 1 vol. avec fig. 3 fr.

— **Tourneur**, ou Traité complet et simplifié de cet Art, d'après les renseignements de plusieurs Tourneurs de la capitale, par M. de Valicourt. 2 vol. avec un Atlas in-4 de 29 planches. 12 fr.

— **Treillageur et Menuisier des Jardins**, par M. Désormeaux. 1 vol. avec planches. 3 fr.

— **Tuilier**, voyez *Briquetier*.

— **Typographie, Imprimerie**, par MM. Frey et Bouchez. 2 vol. avec planches. 6 fr.

On vend séparément les Signes de correction ; 1 planche. 75 c.

— **Vernis** (Fabricant de), voyez *Couleurs*.

— **Vernisseur**, voyez *Peintre en bâtiments*.

— **Verrier et Fabricant de Glaces**, Cristaux, Pierres précieuses factices, Verres coloriés, Yeux artificiels, par MM. Julia de Fontenelle et Malepeyre. 2 vol. ornés de planches. 6 fr.

— **Vers à soie** (Education des), voyez *Soierie*.

— **Vétérinaire**, contenant la connaissance des chevaux, la manière de les élever, les dresser et les conduire ; la Description de leurs maladies, les meilleurs modes de traitement, etc., par M. Lebeau et un ancien professeur d'Alfort. 1 vol. avec planches. 3 fr.

— **Vins de Fruits** (Fabrication des), contenant l'Art de faire le Cidre, le Poiré, les Boissons rafraîchissantes, Bières économiques, Vins de Grains, de Liqueurs, Hydromels, etc., par MM. Accum, Guil.... et Malepeyre 1 vol. orné de figures. 1 fr. 80

— **Vigne** (Culture et Traitement de la), ou Guide du Vigneron et de l'Amateur de Treilles, indiquant, mois par mois, les travaux à faire dans le vignoble et sur les treilles des jardins; la manière de planter, gouverner et dresser la vigne d'après toutes les méthodes en usage en France, et de la guérir de ses Maladies par les moyens reconnus les plus efficaces, par M. F.-V. Lebeuf. 1 vol. orné de vignettes. 2 f. 50

— **Vigneron Français**, ou l'Art de cultiver la Vigne, de faire les Vins, les Eaux-de-Vie et Vinaigres, par M. Thiébaut de Berneaud. 1 volume avec un Atlas.
Fig. noires. 3 fr. 50
Fig. coloriées. 5 fr.

— **Vinaigrier et Moutardier**, par M. Julia de Fontenelle. 1 vol. avec planches 3 fr.

— **Vins** (Calendrier des), ou Instructions à exécuter mois par mois, pour conserver, améliorer ou guérir les Vins. (*Ouvrage destiné aux Garçons de caves et de celliers, et aux Maîtres de Chais, faisant suite à l'Amélioration des Liquides*), par M. V.-F. Lebeuf. 1 joli vol. 1 fr. 25

— **Vins** (Marchand de), débitants de Boissons et Jaugeage, par M. Laudier. 1 vol. avec planches. 3 fr. 50

— **Vins**, voyez *Liquides, Sommelier, Négociant en eaux-de-vie.*

— **Vins mousseux**, voyez *Eaux et Boissons Gazeuses.*

— **Zoophile**, ou l'Art d'élever et de soigner les animaux domestiques, voyez *Bouvier*. 1 vol. 2 fr. 50

BELLE ÉDITION, FORMAT IN-OCTAVO.

SUITES A BUFFON

FORMANT

AVEC LES ŒUVRES DE CET AUTEUR

UN COURS COMPLET

D'HISTOIRE NATURELLE

embrassant

LES TROIS RÈGNES DE LA NATURE.

Les possesseurs des Œuvres de BUFFON pourront, avec ces suites, compléter toutes les parties qui leur manquent, chaque ouvrage se vendant séparément, et formant, tous réunis, avec les travaux de cet homme illustre, un ouvrage général sur l'histoire naturelle.

Cette publication scientifique, du plus haut intérêt, préparée en silence depuis plusieurs années, et confiée à ce que l'Institut et le haut enseignement possèdent de plus célèbres naturalistes et de plus habiles écrivains, est appelée à faire époque dans les annales du monde savant.

Les noms des Auteurs indiqués ci-après, sont, pour le public, une garantie certaine de la conscience et du talent apportés à la rédaction des différents traités.

Zoologie Générale (Supplément à Buffon), ou Mémoires et notices sur la zoologie, l'anthropologie et l'histoire de la science, par M. Isidore Geoffroy-Saint-Hilaire. 1 vol. avec Atlas. Prix : fig. noires. 9 fr. 50
Fig. coloriées. 12 fr. 50

Cétacés, Baleines, Dauphins, etc.), ou Recueil et examen des faits dont se compose l'histoire de ces animaux, par M. F. Cuvier, membre de l'Institut, professeur au Muséum d'Histoire naturelle, etc. 1 vol. in-8 avec 22 planches. Figures noires. 12 fr. 50
Fig. coloriées. 18 fr. 50

Reptiles, (Serpents, Lézards, Grenouilles, Tortues, etc.), par M. Duméril, membre de l'Institut, professeur à la faculté de Médecine et au Muséum

d'Histoire naturelle, et M. BIBRON, professeur d'Histoire naturelle, 10 vol. et 10 livraisons de planches, fig. noires. 95 fr.
Fig. coloriées. 125 fr.

Poissons, par M. A.-Aug. DUMÉRIL, professeur au Muséum d'Histoire naturelle, professeur agrégé libre à la Faculté de Médecine de Paris. Tome I (en 2 vol.) et 1 liv. de pl. Fig. noires. 16 fr.
Fig. coloriées. 19 fr.
(*En publication.*)

Entomologie (Introduction à l'), comprenant les principes généraux de l'Anatomie, de la Physiologie des Insectes, des détails sur leurs mœurs, et un résumé des principaux systèmes de classification, etc., par M. LACORDAIRE, professeur à l'Université de Liège (*Ouvrage adopté et recommandé par l'Université pour être placé dans les bibliothèques des Facultés et des Colléges, et donné en prix aux élèves*), 2 vol. in-8 et 24 planches. Fig. noires. 19 fr.
Fig. coloriées. 22 fr.

Insectes Coléoptères (Cantharides, Charançons, Hannetons, Scarabées, etc.), par M. LACORDAIRE, professeur à l'Université de Liège. Tomes I à VII (en 8 vol.), et 8 livraisons de planches.
Fig. noires. 76 fr.
Fig. coloriées. 100 fr.
(*En publication.*)

— **Orthoptères** (Grillons, Criquets, Sauterelles), par M. SERVILLE, ex-président de la Société entomologique de France. 1 vol. et 14 pl. Fig. noires. 9 fr. 50
Fig. coloriées. 12 fr. 50

— **Hémiptères** (Cigales, Punaises, Cochenilles, etc.), par MM. AMYOT et SERVILLE, 1 vol. et une livr. de pl.
Fig. noires. 9 fr. 50
Fig. coloriées. 12 fr. 50

— **Lépidoptères** (Papillons).

— DIURNES, par M. BOISDUVAL, t. 1er, avec 2 livr. de pl.
Fig. noires. 12 fr. 50
Fig. coloriées. 18 fr. 50

— NOCTURNES, par M. GUÉNÉE, t. V à X, avec 5 livr. de planches.
Fig. noires. 54 fr.
Fig. coloriées. 69 fr.
(*En publication.*)

— **Névroptères** (Demoiselles, Ephémères, etc.), par M. le docteur RAMBUR, 1 vol. avec une livraison de pl. Fig. noires. 9 fr. 50
Fig. coloriées. 12 fr. 50

— **Hyménoptères**)Abeilles, Guêpes, Fourmis, etc.), par M. le comte LEPELETIER DE SAINT-FARGEAU et M. BRULLÉ; 4 vol. avec 4 livraisons de planches.
Fig. noires. 38 fr.
Fig. coloriées. 50 fr.

— **Diptères** (Mouches, Cousins, etc.), par M. MACQUART, directeur du Muséum d'Histoire naturelle de Lille; 2 vol. et 24 planches.
Fig. noires. 19 fr.
Fig. coloriées. 25 fr.

— **Aptères** (Araignées, Scorpions, etc.), par M. WALCKENAER et M. GERVAIS; 4 vol. avec 5 cahiers de pl.
Fig. noires. 41 fr.
Fig. coloriées 56 fr.

Crustacés (Écrevisses, Homards, Crabes, etc.), comprenant l'Anatomie, la Physiologie et la Classification de ces animaux, par M. MILNE-EDWARDS, membre de l'Institut, etc. 3 vol. avec 4 livraisons de planches.
Fig. noires. 31 fr. 50
Fig. coloriées. 43 fr. 50

Mollusques (Moules, Huîtres, Escargots, Limaces, Coquilles, etc.), par M. GERVAIS, doyen de la Faculté des Sciences de Montpellier. (*En préparation.*)

Helminthes, ou Vers intestinaux, par M. DUJARDIN, de la Faculté des Sciences de Rennes. 1 vol. avec une livraison de pl. Prix :
Fig. noires. 9 fr. 50
Fig. coloriées. 12 fr. 50

Annelés (Sangsues, Lombrics, etc.), par MM. DE QUATREFAGES, membre de l'Institut, professeur au Muséum d'Histoire naturelle, et LÉON VAILLANT, naturaliste. Tomes I et II (en 3 vol.), avec 2 livr. de planches.
Fig. noires. 25 fr. 50
Fig coloriées. 31 fr. 50
(*En publication.*)

Zoophytes Acalèphes (Physale, Béroé, Angèle, etc.) par M. LESSON, correspondant de l'Institut, pharmacien en chef de la Marine, à Rochefort, 1 vol. avec 1 livraison de planch.
Fig. noires. 9 fr. 50
Fig. coloriées. 12 fr. 50

— **Échinodermes** (Oursins, Palmettes, etc.), par MM. DUJARDIN, doyen de la Faculté des Sciences de Rennes, et HUPÉ, aide-naturaliste. 1 vol. avec une liv. de pl. Fig. noires. 9 fr. 50
Fig. coloriées. 12 fr. 50

— **Coralliaires** ou POLYPES PROPREMENT DITS (Coraux, Gorgones, Eponges, etc.), par MM. MILNE-EDWARDS et J. HAIME, 3 vol. avec 3 livr. de planches.
Fig. noires. 28 fr. 50
Fig. coloriées. 37 fr. 50

— **Infusoires** (Animalcules microscopiques), par M. DUJARDIN, doyen de la Faculté des Sciences, à Rennes, 1 vol. avec 2 livraisons de pl.
Fig. noires. 12 fr. 50
Fig. coloriées. 18 fr. 50

Botanique (Introduction à l'étude de la), ou Traité élémentaire de cette science, contenant l'Organographie, la Physiologie, etc., par ALPH. DE CANDOLLE, professeur d'Histoire naturelle à Genève (*Ouvrage autorisé par l'Université pour les collèges royaux et communaux*). 2 vol. et 8 pl. 16 fr.

Végétaux phanérogames (Organes sexuels apparents, Arbres, Arbrisseaux, Plantes d'agrément, etc.) par M. SPACH, aide-naturaliste au Muséum d'Histoire naturelle. 14 vol. et 15 livraisons de planches. Fig. noires. 136 fr. Fig. coloriées. 181 fr.

— **Cryptogames** (Organes sexuels peu apparents ou cachés, Mousses, Fougères, Lichens, Champignons, Truffes, etc.). (*En préparation.*)

Géologie (Histoire, Formation et Disposition des Matériaux qui composent l'écorce du Globe terrestre), par M. HUOT, membre de plusieurs Sociétés savantes. 2 vol. ensemble de plus de 1500 pages, avec un Atlas de 24 planches. 19 fr.

Minéralogie (Pierres, Sels, Métaux, etc.), par M. DELAFOSSE, membre de l'Institut, professeur au Muséum d'Histoire naturelle et à la Sorbonne. 3 vol. et 4 livraisons de planches. 31 fr. 50

CONDITIONS DE LA SOUSCRIPTION.

Les SUITES à BUFFON formeront cent volumes in-8 environ, imprimés avec le plus grand soin et sur beau papier; ce nombre paraît suffisant pour donner à cet ensemble toute l'étendue convenable. Ainsi qu'il a été dit précédemment, chaque auteur s'occupant depuis longtemps de la partie qui lui est confiée, l'Editeur sera à même de publier en peu de temps la totalité des traités dont se composera cette utile collection.

78 volumes sont en vente, avec **82** livraisons de planches.

Les personnes qui voudront souscrire pour toute la Collection auront la liberté de prendre par portion jusqu'à ce qu'elles soient au courant de tout ce qui a paru.

POUR LES SOUSCRIPTEURS A TOUTE LA COLLECTION

Prix du texte, chaque volume (1) d'environ 500 à 700 pages. 5 fr.50

Prix de chaque livraison d'environ 10 pl. noires. 3 fr.

— coloriées. 6 fr.

Nota. Les personnes qui souscriront pour des parties séparées, paieront chaque volume 6 fr. 50. Le prix des volumes papier vélin sera double du papier ordinaire.

(1) L'Editeur ayant à payer pour cette collection des honoraires aux auteurs, le prix des volumes ne peut être comparé à celui des réimpressions d'ouvrages appartenant au domaine public et exempts de droits d'auteurs, tels que Buffon, Voltaire, etc.

BAR-SUR-SEINE. — IMP. SAILLARD.

HISTOIRE NATURELLE.

Annales (Nouvelles) du Muséum d'Histoire naturelle, recueil de mémoires de MM. les professeurs administrateurs de cet établissement, et autres naturalistes célèbres, sur les branches des sciences naturelles et chimiques qui y sont enseignées. Années 1832 à 1835, 4 vol. in-4. Prix : 30 fr. chaque volume.

Voyez *Mémoires de la Société d'Histoire naturelle de Paris*, page 43.

Aperçu sur les animaux utiles et nuisibles de la Belgique, par M. DE SÉLYS-LONGCHAMPS. Br. in-8. 2 fr.

Aranéides des îles de la Réunion, Maurice et Madagascar, par M. AUG. VINSON. 1 gros volume grand in-8, avec 14 planches, fig. noires. 20 fr.
Fig. coloriées. 30 fr.

Arbres et arbrisseaux (Les) d'Europe et leurs insectes, par MACQUART, in-8. 6 fr.

Botanique (La), de J.-J. ROUSSEAU, contenant tout ce qu'il a écrit sur cette science, augmentee de l'exposition de la méthode de Tournefort et de Linné, suivie d'un Dictionnaire de botanique et de notes historiques, par M. DEVILLE, 2e édit., 1 gros vol. in-12, orné de 8 planches. 4 fr.
Figures coloriées. 5 fr.

Botanographie Belgique, ou Flore du nord de la France et de la Belgique proprement dite, par TH. LESTIBOUDOIS. 2 vol. in-8. 14 fr.

Botanographie élémentaire, ou Principes de Botanique, d'Anatomie et de Physiologie végétale, par TH. LESTIBOUDOIS. in-8. 7 fr.

Botanographie universelle, ou Tableau général des Végétaux, par TH. LESTIBOUDOIS. 2 vol. in-8. 10 fr.

Catalogue des Lépidoptères, ou Papillons de la Belgique, précédé du tableau des Libellulides de ce pays, par M. DE SÉLYS-LONGCHAMPS. In-8. 2 fr.

Catalogue raisonné des Plantes phanérogames de Maine-et-Loire, par M. A. BOREAU, auteur de la Flore du centre de la France. 1 vol. in-8. 3 fr.

Collection iconographique et historique des Chenilles, ou Description et figures des chenilles d'Europe, avec l'histoire de leurs métamorphoses, et des applications à l'agriculture, par MM. Boisduval, Rambur et Graslin.

Cette collection se compose de 42 livraisons, format grand in-8, papier vélin : chaque livraison comprend *trois planches coloriées* et le texte correspondant. Le prix de chaque livraison est de 3 fr.

Les 42 livraisons ensemble. 100 fr.

Les dessins des espèces qui habitent les environs de Paris, comme aussi ceux des chenilles que l'on a envoyées vivantes à l'auteur, ont été exécutés avec autant de précision que de talent. Le texte est imprimé sans pagination ; chaque espèce aura une page séparée, que l'on pourra classer comme on voudra. Au commencement de chaque page se trouvera le même numéro qu'à la figure qui s'y rapportera, et en titre le nom de la tribu, comme en tête de la planche.

Cet ouvrage, avec l'Icones des Lépidoptères de M. Boisduval, de beaucoup supérieurs à tout ce qui a paru jusqu'à présent, formeront un supplément et une suite indispensable aux ouvrages de Hubner, de Godart, etc. Tout ce que nous pouvons dire en faveur de ces deux ouvrages remarquables peut se réduire à cette expression employée par Dejean dans le cinquième volume de son Species : « M. Boisduval est de tous nos entomologistes celui qui connaît le mieux les Lépidoptères. »

Cours d'Entomologie, ou Histoire naturelle des crustacés, des arachnides, des myriapodes et des insectes, à l'usage des élèves de l'Ecole du Muséum d'Histoire naturelle, par M. Latreille, professeur, membre de l'Institut, etc. — Tableau de l'histoire de l'entomologie. — Généralités de la classe des crustacés et de celle des arachnides, des myriapodes et des insectes. — Exposition méthodique des ordres, des familles et des genres des trois premières classes. 1 gros vol. in-8, et un Atlas composé de 24 planches. 15 fr.

Description géologique de la partie méridionale de la chaîne des Vosges, par M. Rozet, capitaine au corps royal d'état-major. 1 vol. in-8, orné de planches et d'une jolie carte. 10 fr.

Description des Mollusques fluviatiles et terrestres de la France, et plus particulièrement du département de l'Isère, ouvrage orné de planches représentant plus de 140 espèces, par M. Albin Gras. In-8. 5 fr.

Description des Oursins fossiles, ou Notions sur l'Organisation et la Glossologie de cette classe, par M. Albin Gras. In-8. 6 fr.

Dictionnaire de Botanique médicale et pharmaceutique, contenant les principales propriétés des minéraux, des végétaux et des animaux, avec les préparations de pharmacie, internes et externes les plus usitées en médecine et en chirurgie, etc., par une Société de médecins, de pharmaciens et de naturalistes. Ouvrage utile à toutes les classes de la société, orné de 17 grandes planches représentant 278 figures de plantes gravées avec le plus grand soin, 3e *édition*, revue, corrigée et augmentée de beaucoup de préparations pharmaceutiques et de recettes nouvelles, par MM. Julia de Fontenelle et Barthez. 2 gros vol. in-8, figures noires. 18 fr.

Le même, figures coloriées d'après nature. 25 fr.

Cet ouvrage est spécialement destiné aux personnes qui, sans s'occuper de la médecine, aiment à secourir les malheureux.

Dictionnaire (Nouveau) d'Histoire naturelle appliquée aux arts, à l'agriculture, à l'économie rurale et domestique, à la médecine, etc., par une Société de naturalistes et d'agriculteurs. 36 vol. in-8 reliés, figures noires. 50 fr.

Diluvium (Du). Recherches sur les dépôts auxquels on doit donner ce nom et sur la cause qui les a produits, par M. Melleville. In-8. 2 fr. 50

Diptères exotiques nouveaux ou peu connus, par M. Macquart, membre de plusieurs sociétés savantes; t. 1 et 2, 5 livraisons in-8, figures noires. 35 fr.

Les Suppléments 1, 2-3 (ensemble) et 4 (1846-51), chaque : fig. noires. 7 fr.

— — 5 (1855), fig. noires. 4 fr.

L'ouvrage complet, y compris les suppléments. 60 fr.

Diptères, Notice sur les différences sexuelles du genre Dolichopus, tirées des nervures des ailes, par M. Macquart. 1844, in-8. 1 fr.

Discours sur l'avenir physique de la terre, par M. Marcel de Serres, professeur à la Faculté des Sciences de Montpellier, in-8. 2 fr. 50

Essai monographique sur les Campagnols des environs de Liège, par M. de Sélys-Longchamps, in-8, fig. 3 fr.

Essai sur l'Histoire naturelle du Brabant, par feu M. (Mammifères.) 2 fr. 50

(Analyse et Extraits par M. de Sélys-Longchamps)

Essai sur l'Histoire naturelle des serpents de la Suisse, par J. F. Wyder. In-8, fig. 2 fr. 50

Études de micromammalogie, revue des sorex, mus et arvicola d'Europe, suivies d'un index méthodique des mammifères européens, par M. de Sélys-Longchamps. 1 volume in-8. 5 fr.

Études sur l'Anatomie et la Physiologie des Végétaux, par TH. LESTIBOUDOIS. In-8, fig. 6 fr.

Europeorum microlepidopterorum Index methodicus, sive Spirales, Tortrices, Tineæ et Alucitæ Linnæi. Auct. A. GUÉNÉE. Pars prima, in-8. 3 fr. 75

Facultés intérieures des animaux invertébrés, par M. MACQUART, 1 vol. in-8. 5 fr.

Fauna japonica, sive Descriptio animalium quæ in itinere per Japoniam jussu et auspiciis superiorum, qui summum in India Batava imperium tenent, suscepto anni 1823-1830, collegit, notis, observationibus et adumbrationibus illustravit PH. FR. DE SIEBOLD.

Mammifères,	3 livraisons coloriées, chaque.		26 fr.
Oiseaux,	12 —	— —	26 fr.
Poissons,	16 —	— —	26 fr.
Reptiles,	3 —	noires, —	25 fr.
Crustacés,	7 —	— —	25 fr.

Faune de l'Océanie, par le docteur BOISDUVAL. Un gros vol. in-8, imprimé sur grand papier vélin. 10 fr.

Faune entomologique de Madagascar, Bourbon et Maurice. — *Lépidoptères*, par le docteur BOISDUVAL; avec des notes sur les métamorphoses, par M. SGANZIN.

Huit livraisons, format grand in-8, papier vélin; chaque livraison comprend 2 *planches coloriées* et le texte correspondant et coûte 3 fr.

L'ouvrage complet 20 fr.

Faune (Sur la) de la Belgique, par M. DE SÉLYS-LONGCHAMPS, br. in-8. 1 fr.

Flora japonica, sivæ Plantæ quas in imperio Japonico collegit, descripsit, ex parte in ipsis locis pigendas curavit, PH. FR. DE SIEBOLD. Livr. 1 à 20, col.; chaque 15 fr.

Flore du centre de la France et du bassin de la Loire, par M. A. BOREAU, directeur du Jardin des plantes d'Angers, etc. 3e édition. 2 vol. in-8. 15 fr.

Flore de l'arrondissement d'Hazebrouck, ou description des plantes du *Nord*, du *Pas-de-Calais* et de la *Belgique*, par H. VANDAMME. 3 parties formant ensemble 1 vol. in-8, de 334 pages.

1re partie, 3 fr.; 2e et 3e parties, chaque : 1 fr. 50.

L'ouvrage complet : 6 fr.

Genera et index methodicus Europæorum Lepidopterorum, pars prima sistens Papiliones Sphinges, Bombyces noctuas, auctore BOISDUVAL. 1 vol. in-8. 5 fr.

Herbarii Timorensis descriptio, cum tabulis 6 æneis; auctore J. DECAISNE. 1 vol. in-4. 15 fr.

Histoire abrégée des Insectes, par M. GEOFFROY SAINT-HILAIRE. 2 vol. in-4, reliés. Fig. 15 fr.

Histoire des mœurs et de l'instinct des animaux, distributions naturelles de toutes leurs classes, par J.-J. VIREY. 2 vol. in-8. 12 fr.

Histoire des progrès des sciences naturelles, depuis 1789 jusqu'en 1831, par M. le baron G. CUVIER. 5 vol. in-8. 22 fr. 50

Le tome 5 séparément. 7 fr.

Le Conseil royal de l'Université a décidé que cet ouvrage serait placé dans les bibliothèques des colléges et donné en prix aux élèves.

Histoire naturelle, ou éléments de la Faune française, par MM. BRAGUIER et MAURETTE. In-12, cahiers 1 à 5, à 2 francs chaque. 10 fr.

Histoire naturelle des Araignées (ARANÉIDES), suivie du Catalogue synonymique des espèces européennes, par M. Eug. SIMON. 1 vol. in-8 orné de 207 vign. 7 fr. 50

Histoire naturelle des Insectes, composée d'après Réaumur, Geoffroy, Degeer, Roesel, Linné, Fabricius, et les meilleurs ouvrages qui ont paru sur cette partie, rédigée suivant les méthodes d'Olivier, de Latreille, avec des notes, plusieurs observations nouvelles et les figures dessinées d'après nature : par F.-M.-G. DE TIGNY et BRONGNIART, pour les généralités. Édition ornée de beaucoup de figures, augmentée et mise au niveau des connaissances actuelles, par M. GUÉRIN. 10 vol. ornés de planches, fig. noires. 23 fr. 40

Le même ouvrage, figures coloriées. 39 fr.

Histoire naturelle des Végétaux classés par familles, avec la citation de la classe et de l'ordre de Linné, et l'indication de l'usage qu'on peut faire des plantes dans les arts, le commerce, l'agriculture, le jardinage, la médecine, etc.; des figures dessinées d'après nature, et un GENERA complet, selon le système de Linné, avec des renvois aux familles naturelles de Jussieu; par J.-B. LAMARCK, membre de l'Institut, professeur au Muséum d'Histoire naturelle, et par C.-F.-B. DE MIRBEL, membre de l'Académie des Sciences, professeur de botanique. Édition ornée de 120 planches représentant plus de 1600 sujets. 15 volumes ornés de planches, fig. noires. 30 fr. 90

Le même ouvrage, figures coloriées. 46 fr. 50

Histoire naturelle des Coquilles, contenant leur description, leurs mœurs et leurs usages, par M. Bosc, membre de l'Institut. 5 vol. ornés de pl. Fig. noires 10 fr. 65

Le même ouvrage, fig. coloriées. 16 fr. 50

Histoire naturelle des Vers, contenant leur description, leurs mœurs et leurs usages, par M. Bosc. 3 vol. ornés de planches, fig. noires. 6 fr. 50

Le même ouvrage, fig. coloriées. 10 fr. 50

Histoire naturelle des Crustacés, contenant leur description, leurs mœurs et leurs usages, par M. Bosc. 2 vol. ornés de planches, figures noires. 4 fr. 75

Le même ouvrage, fig. coloriées. 8 fr.

Histoire naturelle des Minéraux, par M. E.-M. Patrin, membre de l'Institut. Ouvr. orné de 40 planches, représentant un grand nombre de sujets dessinés d'après nature. 5 vol. ornés de planches, figures noires. 10 fr. 50

Le même ouvrage, fig. coloriées. 16 fr. 50

Histoire naturelle des Poissons, avec des figures dessinées d'après nature, par Block. Ouvrage classé par ordres, genres et espèces, d'après le système de Linné, avec les caractères génériques, par René Richard Castel. Edition ornée de 160 planches représentant 600 espèces de poissons. 10 volumes, figures noires. 26 fr. 20

Avec figures coloriées. 47 fr.

Histoire naturelle des Reptiles, avec des figures dessinées d'après nature, par Sonnini, homme de lettres et naturaliste, et Latreille, membre de l'Institut. Edition ornée de 54 planches, représentant environ 150 espèces différentes de serpents, vipères, couleuvres, lézards, grenouilles, tortues, etc. 4 vol. avec planches, fig. noires. 9 fr. 85

Le même ouvrage, figures coloriées. 17 fr.

Les huit ouvrages ci-dessus composaient autrefois la Collection des suites a Buffon, *format in-18, éditée par* M. Déterville *et devenue la propriété de* M. Roret.

Icones historiques des lépidoptères nouveaux ou peu connus, collection, avec figures coloriées, des papillons d'Europe nouvellement découverts; ouvrage formant le complément de tous les auteurs iconographes; par le docteur Boisduval.

Cet ouvrage se compose de 42 livraisons grand in-8, comprenant chacune deux planches coloriées et le texte correspondant, imprimé sur papier vélin. Prix de chaque livraison: 3 fr.

Les 42 livraisons ensemble. 100 fr.

Iconographie et histoire des lépidoptères et des chenilles de l'Amérique septentrionale, par le docteur BOISDUVAL, et par le major JOHN LECONTE, de New-York.

Cet ouvrage comprend 26 livraisons, renfermant trois planches coloriées et le texte correspondant, imprimé sur papier vélin.

Prix de la livraison. 3 fr.

Les 26 livraisons ensemble. 60 fr.

Illustrationes plantarum orientalium, ou Choix de Plantes nouvelles ou peu connues de l'Asie occidentale, par M. le comte JAUBERT et M. SPACH. Cet ouvrage forme 5 vol. grand in-4, composés chacun de 100 planches et d'environ 30 feuilles de texte; il a paru par livraisons de 10 planches. Le prix de chacune est de 15 fr. L'ouvrage complet (50 livraisons). 750 fr.

Insecta caffraria annis 1838-45 à J. V. VAHLBERG, collecta, descripsit CAROLUS H. BOHEMAN

Pars 1. Fasc. 1. COLEOPTERA (*Carabici, Hydrocanthari, Gyrinii* et *Staphylinii*). 1 vol. in-8. 8 fr.

Fasc. 2 COLEOPTERA (*Buprestides, Clatérides, Cébrionites, Rhipicérides, Cyphonides, Lucides, Lampyrides*, etc.) In-8. 10 fr.

Pars 2. COLEOPTERA (*Scarabæides*), in-8. 10 fr.

Introduction à l'étude de la botanique, par PHILIBERT. 3 vol. in-8; fig. col. 18 fr.

Mémoires sur la famille des Combrétacées, par M. DE CANDOLLE. In-4; fig. 3 fr.

Mémoires sur les Métamorphoses des Coléoptères, par W. DE HAAN. 1 vol. in-4° avec pl. 6 fr.

Mémoires de la Société de physique de Genève, in-4. — Divers Mémoires séparés sur les *Selaginées*, les *Lythraires*, les *Dypsacées*, le *Mont-Somma*, etc.

Mémoires de la Société d'Histoire naturelle de Paris, 5 vol. in-4 avec planches. Prix : 20 fr. chaque volume. Prix total. 100 fr.

Voyez *Nouvelles Annales du Muséum*, page 38.

Mémoires de la Société royale des Sciences de Liège.

— Tome 1er (en 2 vol. in-8) chaque vol. 5 fr.

Les 2 vol. réunis. 8 fr.

— Tome 2 (en 2 vol. in-8) chaque vol. 5 fr.

Les 2 vol. réunis. 10 fr.

— Tome 3, 1845, contenant la Monog. des Coléoptères subpentamères-phytophages, par TH. LACORDAIRE, t. 1. 12 fr.

— Tome 4, 1847-49, contenant la monographie des Productus, par M. DE KONINCK. 2 vol. in-8 et un atlas. La 1re partie, 1 vol. et 1 atl. 10 fr. La 2e partie, 1 vol. 5 fr.

— Tome 5, 1848. Monog. des Coléoptères subpentamères-phytophages, par TH. LACORDAIRE, tome 2. 12 fr.

— Tome 6, 1849. Monog. des Odonates. 1 vol. 10 fr.

— Tome 7, 1851. Exposé élémentaire de la Théorie des intégrales définies, par MEYER. 1 vol. in-8. 10 fr.

— Tome 8, 1853, renfermant le catalogue des larves des Coléoptères connues jusqu'à ce jour, avec la description de plusieurs espèces nouvelles, par MM. CHAPUIS et CANDÈZE. 1 vol. in-8. 12 fr.

— Tome 9, 1854, contenant la monographie des Caloptérygines, par M. DE SÉLYS-LONGCHAMPS. 1 vol. in-8. 12 fr.

— Tome 10, 1856. Cours élémentaire sur la Fabrication des bouches à feu en fonte et en bronze, par COQUILHAT. 1re partie. In-8. 12 fr.

— Tome 11, 1858. Fabrication des bouches à feu, par COQUILHAT. 2e partie. — Calcul des variations, par A. MEYER. — Monographie des Gomphines, par M. DE SÉLYS-LONGCHAMPS. 1 vol. in-8. 18 fr.

— Tome 12, 1857. Monographie des Élatérides, par E. CANDÈZE. Tome 1er, in-8. 8 fr. 50

— Tome 13, 1858. Fabrication des bouches à feu par COQUILHAT. 3e partie. — Etudes sur un mémoire de Jacobi, relatif aux intégrales définies, par N.-C. SCHMITT. — Notice géologique, par J. VAN BINKHORST. 1 vol. in-8. 12 fr.

— Tome 14, 1859. Monographie des Elatérides, par E. CANDÈZE. Tome 2. In-8. 10 fr.

— Tome 15, 1860. Monographie des Elatérides, par E. CANDÈZE. Tome 3, in-8. 10 fr.

— Tome 16, 1861. Des Brachiopodes munis d'appendices spiraux, par DAVIDSON, trad. par DE KONINCK. — Méthodes diverses de calculs transcendants, par PAQUE. — Métamorphoses de quelques Coléoptères exotiques, par E. CANDÈZE. 1 vol. in-8. 10 fr.

— Tome 17, 1863. Monographie des Elatérides, par E. CANDÈZE. Tome 4 et dernier, in-8. 10 fr.

— Tome 18, 1863. Clytides d'Asie et d'Océanie, par CHEVROLAT. — Percussions sur les affûts dans le tir des bouches à feu, par COQUILHAT, etc. 1 vol. in-8. 10 fr.

Méthodes éprouvées avec lesquelles on parvient facilement et sans maître à connaître les caractères botaniques propres à chaque famille naturelle indigène, par F.-J. MONTANDON. 1 vol. in-18. 75 c.

Monographie des Érotyliens, famille de l'ordre des Coléoptères, par M. TH. LACORDAIRE. In-8. 9 fr.

Monographie des Libellulidées d'Europe, par EDM. DE SÉLYS-LONGCHAMPS. 1 vol. grand in-8, avec quatre planches représentant 44 figures. 5 fr.

Monographia Cassididarum, auctore CAROLO H. BOHEMAN. Tomi I à IV, cum tab. VII. Holmiæ (1850-62), 4 vol. in-8, chacun. 14 fr.

Monographia Tryphonidum Sueciæ, auctore AUG. EMIL. HOLMGREN, in-4 13 fr.

Notice sur les Libellulidées, extraite des Bulletins de l'Académie de Bruxelles, par EDM. DE SÉLYS-LONGCHAMPS. In-8, fig. 2 fr.

Observations botaniques, par B.-C. DUMORTIER. In-8. 4 fr.

Oiseaux américains (Sur les) admis dans la Faune européenne, par M. DE SÉLYS-LONGCHAMPS, 1 volume in-8. 1 fr. 25

Observations sur les phénomènes périodiques du règne animal, et particulièrement sur les migrations des oiseaux en Belgique, de 1841 à 1846, résumées par M. DE SÉLYS-LONGCHAMPS. Br. in-4. 3 fr. 50

Plantes (Les), Poëme, par R. R. CASTEL; nouvelle édition, ornée de 5 figures en taille douce. In-18. 3 fr.

Plantes rares du Jardin de Genève, par A. P. DE CANDOLLE; livraisons 1 à 4, in-4, fig. col., à 15 fr. la livraison. L'ouvrage complet : 60 fr.

Plantes herbacées d'Europe et leurs insectes, par M. MACQUART, in-8, 1re partie, 3 fr. 50; 2e partie, 3 fr.; 3e partie, 4 fr.

Principes de Zooclassie, servant d'introduction à l'étude des Mollusques, par H. DE BLAINVILLE. 1 volume in-8. 3 fr.

Récapitulation des Hybrides observés dans la famille des Anatidées, par E. DE SÉLYS-LONGCHAMPS, brochure in-8. 1 fr. 25

ADDITION A LA RÉCAPITULATION, br. in-8 1 fr.

Règne animal, d'après M. DE BLAINVILLE, disposé en séries, en procédant de l'homme jusqu'à l'éponge, et divisé en trois sous-règnes, tableau supérieurement gravé. Prix : 3 fr. 50

Collé sur toile, avec gorge et rouleau. 8 fr.

Singulorum generum Curculionidum unam alteramve speciem, additis Iconibus a DAVID LABRAM, illustravit L. IMHOF. Fascic. 1 à 9, in-12, chaque. 2 fr.

Species général des Coléoptères, de M. DEJEAN, avec les Hydrocanthares de M. AUBÉ. 7 vol. in-8. 100 fr.

L'on vend séparément le tome V en deux parties (ce volume a été détruit dans un incendie). 35 fr.

Synonymia insectorum. — Genera et species curculionidum (ouvrage comprenant la synonymie et la description de tous les Curculionides connus), par M. SCHOENHERR. 8 tomes en 16 parties. (*Ouvrage terminé.*) 144 fr.

Curculionidum dispositio methodica cum generum characteribus, descriptionibus atque observationibus variis, seu Prodromus ad Synonymiæ insectorum partem IV, auctore C.-J. SCHOENHERR. 1 vol. in-8. Lipsiæ, 1826. 7 fr.

Synopsis de la flore du Jura septentrional et du Sundgau, par FRICHE-JOSET et MONTANDON. 1 v. in-12. 5 fr.

Statistique géologique et minéralogique du département de l'Aube, par A. LEYMERIE. Troyes, 1846, 1 vol. in-8 et Atlas in-4. 15 fr.

Tableau de la distribution méthodique des espèces minérales, suivie dans le cours de minéralogie fait au Muséum d'Histoire naturelle en 1833, par Alexandre BRONGNIART, professeur. Brochure in-8. 2 fr.

Théorie élémentaire de la botanique, ou Exposition des Principes de la Classification naturelle et de l'Art de décrire et d'étudier les végétaux, par M. DE CANDOLLE. 3e édition; 1 vol. in-8. 8 fr.

Traité élémentaire de Minéralogie, par F.-S. BEUDANT, de l'Académie royale des Sciences, nouvelle édition considérablement augmentée. 2 vol. in-8, accompagnés de 24 planches. 21 fr.

Zoologie classique, ou Histoire naturelle du Règne animal, par M. F.-A. POUCHET, professeur de zoologie au Muséum d'Histoire naturelle de Rouen, etc. : seconde édition, considérablement augmentée. 2 vol. in-8, contenant ensemble plus de 1,300 pages, et accompagnés d'un Atlas de 44 planches et de 5 grands tableaux gravés sur acier.

Figures noires. 20 fr.

Figures coloriées. 25 fr.

NOTA. *Le Conseil de l'Université a décidé que cet ouvrage serait placé dans les bibliothèques des colléges.*

AGRICULTURE, JARDINAGE

ÉCONOMIE RURALE.

Abrégé de l'Art vétérinaire, ou Description raisonnée des Maladies du Cheval et de leur traitement, suivi de l'anatomie et de la physiologie du pied et des principes de ferrure, avec des observations sur le régime et l'exercice du cheval, etc., par WHITE; traduit de l'anglais et annoté par M. V. DELAGUETTE, vétérinaire. 2e édition, 1 vol. in-12. 3 fr. 50

Agriculteur praticien (L'), revue d'agriculture et de jardinage. *Voyez* page 3.

Agriculture française, par MM. les Inspecteurs de l'agriculture, publiée d'après les ordres de M. le Ministre de l'Agriculture et du Commerce, contenant la description géographique, le sol, le climat, la population, les exploitations rurales; instruments aratoires, engrais, assolements, etc., de chaque département. 6 vol., accompagnés chacun d'une belle carte, sont en vente, savoir :

Département de l'Isère. 1 vol. in-8. 3 fr. 50
— du Nord. In-8. 3 fr. 50
— des Hautes-Pyrénées. In-8. 3 fr. 50
— de la Haute-Garonne. In-8. 3 fr. 50
— des Côtes-du-Nord. In-8. 3 fr. 50
— du Tarn. In-8. 3 fr. 50

Amateur de fruits (L'), ou l'Art de les choisir, de les conserver, de les employer, principalement pour faire les compotes, gelées, marmelades, confitures, etc., par M. L. DUBOIS. In-12. 2 fr. 50

Amélioration (De l') de la Sologne, par M. R. PARETO. In-8. 2 fr. 50

Ampélographie rhénane, par STOLTZ, 1 vol. gr. in-4, fig. noires. 17 fr.

Le même ouvrage, fig. col. 28 fr.

Annales agricoles de Roville, ou Mélanges d'Agriculture, d'Economie rurale et de Législation agricole, par M. C.-J.-A. MATHIEU DE DOMBASLE. 9 vol. in-8, figures. 50 fr.

Chaque volume se vend séparément 6 fr.

Application (De l') de la vapeur à l'agriculture, de son Influence sur les Mœurs, sur la Prospérité des Nations et l'Amélioration du Sol, par GIRARD, 1 vol. in-8, grand papier. 75 c.

Art (L') de composer et décorer les jardins, par M. BOITARD; ouvrage entièrement neuf, orné de 140 planches gravées sur acier. 15 fr.

*Même ouvrage que le Manuel de l'*Architecte des Jardins. *Cette publication n'a rien de commun avec les autres ouvrages du même genre, portant même le nom de l'auteur. Le traité que nous annonçons est un travail tout neuf, très-complet et à très-bas prix. M. Boitard a donc rendu un grand service aux amateurs de jardins en les mettant à même de tirer de leurs propriétés le meilleur parti possible.*

Assolements, Jachère et Succession des Cultures, par M. YVART, de l'Institut, avec des notes, par M. V. RENDU, inspecteur de l'agriculture. 1 vol in-4. 12 fr.

LE MÊME OUVRAGE. 3 vol. in-4 (voyez page 8). 10 fr. 50

Asperges (LES), les Fraises et les Figues, Description des meilleures méthodes de culture pour les obtenir en abondance et presque sans frais, par M. V. F. LEBEUF. 1 vol. in-18 orné de 5 vignettes 1 fr. 50

Bouvier (Le nouveau), ou Traité des Maladies des Bestiaux, Description raisonnée de leurs maladies et de leur traitement, par M. DELAGUETTE, médecin-vétérinaire. 1 vol. in-12. 3 fr. 50

Calendrier du Bon cultivateur, ou Manuel de l'Agriculteur-Praticien, par C.-J.-A. MATHIEU DE DOMBASLE. 10e édition, revue par M. DE MEIXMORON-DOMBASLE. 1 vol. in-12 de plus de 900 pages, avec 5 planches. 4 fr. 75

Chasseur-taupier (Le), ou l'Art de prendre les taupes par des moyens sûrs et faciles ,précédé de leur histoire naturelle, par M. RÉDARÈS. In-18, fig. 90 cent.

Choix des plus belles fleurs et des plus beaux fruits, par M. REDOUTÉ. 1 joli vol. in-fol. orné de 144 planches coloriées. 36 livraisons de 4 planches à 6 fr. chaque livraison; l'ouvrage complet : 150 fr.

Toutes les planches de l'œuvre de M. REDOUTÉ *se vendent séparément à raison de 1 fr. 50.*

Le Catalogue spécial de cet ouvrage est adressé, franco, *aux personnes qui en font la demande.*

Code forestier, conféré et mis en rapport avec la législation qui régit les différents propriétaires et usagers dans les bois, par M. CURASSON. 2 vol. in-8. 12 fr.

Cours élémentaire d'Agriculture, par M. RISLER. In-12. 2 fr.

Cours élémentaire d'Arboriculture et de Viticulture, par M. André MENET. 1 vol. in-12. 3 fr. 50

Cours complet d'Agriculture (Nouveau) du XIXe siècle, contenant la grande et la petite culture, l'économie rurale domestique, la médecine vétérinaire, etc., par les Membres de la section d'Agriculture de l'Institut de France, etc. Nouvelle édition revue, corrigée et augmentée. Paris, Déterville. 16 vol. in-8, de près de 600 pages chacun, ornés de planches en taille-douce. AU LIEU DE 120 fr. 32 fr.

Cours d'Agriculture (Petit), ou Encyclopédie agricole, par M. MAUNY DE MORNAY, contenant les livres du Cultivateur, du Jardinier, du Forestier, du Vigneron, de l'Economie et Administration rurales, du Propriétaire et de l'Eleveur d'animaux domestiques. 7 vol. grand in-18, avec fig. 12 fr.

École du jardin potager, suivie du Traité de la Culture des Pêchers, par M. DE COMBLES, 6e édition, revue par M. LOUIS DUBOIS. 3 vol. in-12. 4 fr. 50

Éloge historique de l'abbé FRANÇOIS ROZIER, restaurateur de l'Agriculture française, par A. THIÉBAUT DE BERNEAUD, in-8. 1 fr. 50

Encyclopédie du Cultivateur, ou Cours complet et simplifié d'agriculture, d'économie rurale et domestique, par M. LOUIS DUBOIS. 2e édition, 9 vol. in-12 ornés de gravures. 20 fr.

Le tome 9 se vend séparément 4 fr.

Cet ouvrage, très-simplifié, est indispensable aux personnes qui ne voudraient pas acquérir le grand ouvrage intitulé : Cours d'agriculture du XIXe siècle.

Essai sur l'air atmosphérique dans ses rapports avec l'hygiène et l'agriculture, par BRAME, in-8. 75 c.

Fabrication du fromage, par le docteur F. GERA, traduit de l'italien par V. RENDU, in-8, fig. (Couronné par la Société royale et centrale d'agriculture.) 5 fr.

Figues, Fraises (CULTURE DES). Voyez *Les Asperges, les Fraises et les Figues.*

Histoire du Pêcher, par DUVAL, in-8. 1 fr. 50

Histoire du Poirier (Pyrus sylvestris) par DUVAL. Br. in-8 (extrait de l'*Agriculteur praticien*). 1 fr. 50

Histoire du Pommier, par DUVAL, In-8. 1 fr. 50

Instruction pratique sur la plantation des Asperges, par BOSSIN. Br. in-8. 25 c.

Journal de médecine vétérinaire théorique et pratique, et Analyse raisonnée de tous les ouvrages français et étrangers qui ont du rapport avec la médecine des animaux domestiques ; recueil publié par MM. Bracy-Clark, Crépin, Cruzel, Delaguette, Dupuy, Godine jeune, Lebas, Prince et Rodet. 6 vol. in-8. 20 fr.

Chaque volume séparément. 6 fr.

Manuel populaire d'Agriculture, d'après l'état actuel des progrès dans la culture des champs, des prairies, de la vigne, des arbres fruitiers; dans l'éducation du gros bétail, etc., par J. A. Schlipf; trad. de l'Allemand par Napoléon Nicklès. In-8. 4 fr.

Manuel des instruments d'Agriculture et de Jardinage les plus modernes, contenant la description détaillée des instruments nouvellement inventés ou perfectionnés, la plupart dessinés dans les meilleurs ateliers de la capitale. Ouvrage orné de 121 planches et de gravures sur bois intercalées dans le texte, par M. Boitard. 1 vol. grand in-8. 12 fr.

Manuel du fabricant d'engrais, ou de l'Influence du noir animal sur la végétation, par M. Bertin. 1 vol. in-18. 2 fr. 50

Melon (Du) et de sa culture, par M. Duval. Brochure in-8. (Extrait de l'*Agriculteur praticien.*) 75 c.

Mémoires sur l'alternance des essences forestières, par Gustave Gand. In-8. 1 fr. 50

Méthode abrégée du dressage des chevaux difficiles, et particulièrement des Chevaux d'armes, par De Montigny. 1 vol. in-8. 2 fr.

Mémoire sur les Dahlias, leur culture, leurs propriétés économiques et leurs usages comme plantes d'ornement, par Arsène Thiébaut de Berneaud. Brochure in-8. 2e édition. 75 c.

Pathologie canine, ou Traité des Maladies des Chiens, contenant aussi une dissertation très-détaillée sur la rage, la manière d'élever et de soigner les chiens; par M. Delabère-Blaine, traduit de l'anglais et annoté par M. V. Delaguette, vétérinaire. Avec 2 planches représentant 18 espèces de chiens. 1 vol. in-8. 6 fr.

Pharmacopée vétérinaire, ou Nouvelle pharmacie hippiatrique, contenant une classification des médicaments, les moyens de les préparer et l'indication de leur emploi, etc., par M. Bracy-Clark. 1 vol. in-12 avec fig. 2 fr.

Praticien de la ville et de la campagne, par L. Hoste. 1 vol. in-12. 2 fr. 50

Premières notions de viticulture, par Stoltz. 1 vol. in-18. 90 c.

Secrets de la chasse aux oiseaux, contenant la manière de fabriquer les filets, les divers pièges, appeaux, etc.; l'art de les élever, de les soigner, de les guérir, etc., par M. G... amateur. 1 vol. in-18 avec fig. 2 fr. 50

Même ouvrage que le Manuel de l'Oiseleur. *Voyez* page 23.

Revue synoptique des principaux vignobles de l'Univers, par M. Théodore Winckler. 1 vol. in-folio. 4 fr. 50

Traité des arbres et arbustes que l'on cultive en pleine terre en Europe et particulièrement en France, par Duhamel du Monceau, rédigé par MM. Veillard, Jaume Saint-Hilaire, Mirbel, Poiret, et continué par M. Loiseleur-Deslongchamps; ouvrage enrichi de 500 planches gravées par les plus habiles artistes, d'après les dessins de Redouté et Bessa, peintres du Muséum d'histoire naturelle; 7 vol. in-fol., papier jésus vélin, figures coloriées. Au lieu de 3,300 francs, 750 fr.

— Le même, papier carré vélin, figures coloriées. Au lieu de 2,100 francs, 450 fr.

— Le même, papier carré fin, figures coloriées. 350 fr.

— Le même, figures noires. Au lieu de 775 fr. 200 fr.

On a extrait de cet ouvrage le suivant :

Traité (Nouveau) des arbres fruitiers, par Duhamel, nouvelle édition, très-augmentée par MM. Veillard, de Mirbel, Poiret et Loiseleur-Deslongchamps, 2 vol. in-folio, ornés de 145 planches. Prix :

Fig. noires 50 fr.; — fig. coloriées, papier fin. 100 fr.
Fig. coloriées, papier vélin. 125 fr.
Fig. coloriées, format jésus vélin. 150 fr.

Traité de culture théorique et pratique, par Hubert Carré. In-12. 2 fr.

— de culture forestière, par Henri Cotta, traduit de l'allemand par Gustave Gand, garde général des forêts. 1 vol. in-8. 7 fr.

— des instruments aratoires, par Moysen. Brochure in-8. 1 fr.

— de la Comptabilité agricole, par l'application du système complet des écritures en parties doubles, par MM. Perrault de Jotemps père et fils. 4 cahiers in-fol. 12 fr.

— **des maladies des bestiaux,** ou Description raisonnée de leurs maladies et de leur traitement; suivi d'un aperçu sur les moyens de tirer des bestiaux les produits les plus avantageux, par M. V. Delaguette, vétérinaire. In-12. 3 fr. 50

Traité du chanvre du Piémont, de la grande espèce, sa culture, son rouissage et ses produits, par Rey, in-12. 1 fr. 50

— **sur la distillation des pommes de terre,** par Evariste Hourier. In-18. 1 fr. 50

— **raisonné sur l'éducation du Chat domestique,** et du Traitement de ses Maladies, par M. R***. In-12. 1 fr. 50

Travail des Boissons. Ce qui est permis ou défendu dans les manipulations des Vins, Alcools, Eaux-de-vie, Bières, Cidres, Vinaigres, Eaux gazeuses, Liqueurs, Sirops, etc.; par M. V.-F. Lebeuf. Un volume grand in-18 jésus. 3 fr.

Voyage d'un hydroscope, ou l'Art de découvrir les Sources, par M. F. Amy. 1 vol. in-12. 2 fr. 50

BIBLIOTHEQUE DES ARTS ET MÉTIERS.

1 fr. 75 le volume,

Format in-18, grand papier.

Livre de l'Arpenteur-Géomètre, par MM. Place et Foucard. 1 vol.
— **du Brasseur,** par M. Deleschamps. 1 vol.
— **de la Comptabilité du bâtiment,** par M. Digeon. 1 vol.
— **du Cultivateur,** par M. Mauny de Mornay. 1 vol.
— **de l'Économie et de l'Administration rurale,** par M. de Mornay. 1 vol.
— **du Forestier,** par M. de Mornay. 1 vol.
— **du Jardinier,** par M. de Mornay. 2 vol.
— **des Logeurs et Traiteurs.** 1 vol.
— **du Meunier,** par M. de Mornay. 1 vol.
— **du Propriétaire et de l'Éleveur d'animaux domestiques,** par M. de Mornay. 1 vol.
— **du Fabricant de sucre et du Raffineur,** par M. de Mornay. 1 vol.
— **du Tailleur,** par M. Augustin Caneva. 1 vol.
— **du Toiseur-Vérificateur,** par M. Digeon. 1 vol.
— **du Vigneron et du Fabricant de cidre,** par M. de Mornay. 1 vol.

INDUSTRIE, ARTS ET MÉTIERS.

Albums (petits) de poche du Garde-Meubles, par Guilmard, 9 vol. in-32 oblong, comprenant les *Siéges*, les *Meubles* et les *Tentures*.

Chaque album se vend séparément, en noir, 5 fr.; en couleur, 6 fr.

Art du Peintre, Doreur et Vernisseur, par Watin; 12e édition, revue et entièrement refondue pour la fabrication et l'application des couleurs, par MM. Ch. et F. Bourgeois, et augmentée de l'*Art du Peintre en voitures, en marbres et en faux-bois,* par M. J. de Montigny, ingénieur civil. 1 vol. in-8. 6 fr.

Artiste (L') en bâtiments. Ordres d'architecture, consoles, cartouches, décors et attributs, etc., par L. Berthaux. In-4 oblong. 6 fr.

Barême à l'usage des marchands de café. In-8. 60 c.

Barême décimal pour le commerce des liquides, par Ravon, br. in-18. 75 c.

Barême du Layetier, contenant le toisé par voliges de toutes les mesures de caisses, depuis 12-6-6, jusqu'à 72-72-72, etc., par Bien-Aimé. 1 vol. in-12. 1 fr. 25

Boissons gazeuses (Des) au point de vue alimentaire, hygiénique et industriel; Guide pratique du Fabricant et du Consommateur, par Hermann-Lachapelle, et Ch. Glover. 1 vol. in-8, orné de vignettes. 5 fr.

Calcul des essieux pour les Chemins de Fer; Coup-d'œil sur les roues de vagons, par A. C. Benoit-Duportail. Br. in-8 (*Extraite du Technologiste*). 1 fr. 75

Code du Meunier, du Constructeur et du Propriétaire de Moulins, par Favereau. 1 vol. in-12. 3 fr. 50

Considérations sur la perspective, par Benoit-Duportail. Br. in-8 (*Extr. du Technologiste*). 1 fr. 25

Construction des Boulons, Ecrous, Harpons, Clefs, Rondelles, Goupilles, Clavettes, Rivets et Equerres, suivie de la construction des Vis d'Archimède, par A. C. Benoit-Duportail. Br. in-8 (*Extr. du Technologiste*). 3 fr.

Construction (De la) des Engrenages, et de la meilleure forme à donner à leur denture, par S. Haindl. In-12. Fig. 4 fr. 50

Coup-d'œil général et statistique sur la Métallurgie considérée dans ses rapports avec l'Industrie et la richesse des peuples, etc., par Th. Virlet. In-8. 3 fr.

Cours gratuit de Chaleur, appliqué aux Arts industriels, 6 leçons ou cahiers, in-8, par Burel. 2 fr. 40

Draps unis et Nouveautés (Traité théorique et pratique de la fabrication des), par F. D. Baron, 1 vol. in-4 accompagné de 15 planches. 15 fr.

Études sur quelques produits naturels applicables à la teinture, par Arnaudon. Br. in-8. 1 fr. 25

Fabrication des bouches à feu (Cours élémentaire sur la), en fonte et en bronze, par COQUILHAT, 3 vol. in-8. 42 fr.

(*Publié dans les Mémoires de la Société royale des sciences de Liège.* V. page 44.)

Guide du Mécanicien, ou Principes fondamentaux de mécanique expérimentale et théorique, appliqués à la composition et à l'usage des machines, par M. SUZANNE, ancien professeur. 2e édition, 1 vol. in-8 orné d'un grand nombre de planches. 12 fr.

Traité des Machines-Outils employées dans les usines et les ateliers de construction pour le Travail des Métaux, par M. J. CHRÉTIEN, 1 volume in-8 jésus renfermant 16 planches gravées avec soin sur acier. 12 fr.

LE MÊME OUVRAGE, 2 vol. in-18 avec Atlas in-8 jésus. (Voyez page 20.) 10 fr. 50

Manipulations hydroplastiques, ou Guide du Doreur, par M. ROSELEUR. In-8. 15 fr.

Manuel du Bottier, par A. MOUREY. In-12. 1 fr. 50

— des Candidats à l'emploi de Vérificateurs des poids et mesures, par P. RAYON. 2e édition, in-8. 5 fr.

— du Fabricant de Rouenneries, comprenant tout ce qui a rapport à la Fabrication, par un FABRICANT. 1 vol. in-18. 2 fr. 50

— métrique du Marchand de bois, par M. TREMBLAY. 1 vol. in-12. 1 fr. 50

— du Tisseur, contenant les Armures et les Montages usités pour la Fabrication des divers Tissus, par LIONS. In-8. 1 fr.

Memento des Architectes et Ingénieurs, Toiseurs et Vérificateurs et de toutes les personnes qui font bâtir, par TOUSSAINT. 7 vol. in-8, dont un de planches. 60 fr.

On a extrait de cet ouvrage le suivant :

Code de la Propriété. 2 vol. in-8. 15 fr.

Mémoire sur la construction des Instruments à Cordes et à Archet, par FÉLIX SAVART. In-8. 3 fr.

Mémoire sur l'appareil des voûtes hélicoïdales et des voûtes biaises à double courbure, par M. A.-A. SOUCHON. In-4o avec 10 planches en taille-douce. 3 fr. 50

Mémoire sur les falsifications des Alcools, par M. THÉODORE CHATEAU, chimiste. (*Extrait du Technologiste.*) Br. in-8. 1 fr.

Ordonnance de Louis XIV, indispensable à tous les *marchands de bois* flottés, de charbon et à tous autres marchands dont les biens sont situés près des rivières navigables. 1 vol. in-18. 2 fr.

Parfait Carrossier, ou Traité complet des Ouvrages faits en Carrosserie et Sellerie, par L. BERTHAUX. In-8. Cartonné. 5 fr.

Parfait Charron, ou Traité complet des Ouvrages faits en Charronnage et Ferrure, par L. BERTHAUX. In-8. Cartonné. 5 fr.

Parfait Serrurier, ou Traité des Ouvrages faits en fer, par LOUIS BERTHAUX, 1 vol. in-8, cartonné. 9 fr.

Photographie sur papier, par M. BLANQUART-EVRARD. 1 vol. grand in-8. 4 fr. 50

Photographie sur plaques métalliques, par M. le baron GROS. 2e édition, 1 vol. grand in-8, fig. 3 fr.

Photographique (Album), par M. BLANQUART-EVRARD. 12 livraisons, contenant chacune 3 planches. Ouvrage complet. 72 fr.

Une planche séparément. 3 fr.

Chaque livraison. 6 fr.

Portraits (Méthode des) et des *agrandissements photographiques*, mise à la portée de tout le monde, par ARTH. CHEVALIER. 1 vol. grand in-8. 1 fr. 50

Recherches sur la coloration des bois, et Etude sur le bois d'amarante, par ARNAUDON. Br. in-8 (*Extrait du Technologiste*). 1 fr. 25

Serrurerie (La) au XIXe siècle, Album de serrurerie nouvelle, reproduisant un très-grand nombre de modèles de Balcons, Marquises, Serres, Panneaux, Grilles, etc., par M. SANGUINETI, architecte. 1 vol. de 26 planches in-4o raisin, cartonné. 10 fr.

Sculpteur parisien (Album du), par GUILMARD. 1 vol. grand in-4 de 30 planches. Fig. noires. 12 fr.

Tapissier parisien (Album du), par GUILMARD. 1 vol. grand in-8 de 24 planches. En noir, 6 fr.; en couleur. 10 fr.

Tourneur parisien (Album du), par GUILMARD. 1 vol. grand in-8 de 24 planches. Fig. noires. 6 fr.

Tourneur (Supplément à tous les ouvrages sur l'art du). Orné de planches. In-4. 5 fr.

Traité complet de la Filature du chanvre et du lin, par MM. Coquelin et Decoster. 1 gros vol. avec un bel Atlas in-folio, renfermant 37 planches gravées avec beaucoup de soin. 20 fr.

— **du Chauffage au Gaz**, par Ch. Hugueny. Br. in-8 (*Extraite du Technologiste*). 1 fr. 50

— **de Chimie appliquée aux arts et métiers**, par M. J.-J. Guilloud, professeur. 2 forts vol. in-12, avec planches. 10 fr.

— **de Dorure et Argenture galvaniques** appliquées à l'horlogerie, in-8, par Olivier Mathey. (*Extrait du Technologiste*). 1 fr. 25

— **de la Comptabilité du Menuisier**, applicable à tous les états de la bâtisse, par D. Clousier. 1 vol. in-8. 2 fr. 50

— **de la Coupe des Pierres**, ou Méthode facile et abrégée pour se perfectionner dans cette science, par J.-B. De la Rue. 3e édition, revue et corrigée par M. Ramée, architecte. 1 vol. in-8 de texte, avec un Atlas de 98 planches in-folio. 20 fr.

— **des Échafaudages**, ou Choix des meilleurs modèles de charpentes, par J.-Ch. Krafft. 1 vol. in-fol. relié, renfermant 51 planches très-bien gravées. 25 fr.

— **des moyens de reconnaître les Falsifications** des Drogues simples et composées, et d'en constater le degré de pureté, par Bussy et Boutron-Charlard. In-8. 3 fr. 50

— **de la Poudre la plus convenable aux armes à piston**, par Vergnaud aîné. In-8. 75 c.

— **des Parafoudres et des Paragrêles** en cordes de paille, 3e suppl., par Lapostole. In-8. 1 fr. 50

— **élémentaire de la Filature du Coton**, par M. Oger, directeur de filature, et Saladin. 1 vol. in-8 et Atlas. 18 fr.

— **élémentaire du Parage et du Tissage mécanique du coton**, par L. Bedel et E. Bourcart. In-8, fig. 7 fr. 50

Traité de la fabrication des Tissus, par Falcot, 2 vol. in-4 de texte, plus un Atlas orné de beaucoup de planches. 42 fr.

Traité sur la nouvelle découverte du levier-volute *dit* **levier-Vinet.** In-18. 1 fr. 50

Transmissions à grandes vitesses. — *Paliers-graisseurs* de M. De Coster, par BENOIT-DUPORTAIL. In-8. (*Extrait du Technologiste*). 75 c.

Vignole du Charpentier. 1re partie, ART DU TRAIT, contenant l'application de cet art aux principales constructions en usage dans le bâtiment, par M. MICHEL, maître charpentier, et M. BOUTEREAU, professeur de géométrie appliquée aux arts. 1 vol. in-8, avec Atlas in-4 renfermant 72 planches gravées sur acier. 20 fr.

OUVRAGES CLASSIQUES ET D'ÉDUCATION.

OUVRAGES DE MM. NOEL ET CHAPSAL.

Abrégé de la Grammaire Française, par MM. Noel et Chapsal. 1 vol. in-12. 90 c.

Exercices élémentaires, adaptés à l'abrégé de la Grammaire française de MM. Noel et Chapsal. 1 fr.

Grammaire française (Nouvelle) sur un plan très-méthodique, par MM. Noel et Chapsal. 3 vol. in-12 qui se vendent séparément, savoir :

— La Grammaire. 1 vol. 1 fr. 50
— Les Exercices. (*Première année.*) 1 vol. 1 fr. 50
— Le Corrigé des exercices. 2 fr.

Exercices français supplémentaires, sur les difficultés qu'offre la syntaxe, par M. Chapsal. (*Seconde année.*) 1 fr. 50

Corrigé des exercices supplémentaires. 2 fr.

Leçons d'analyse grammaticale, par MM. Noel et Chapsal. 1 vol. in-12. 1 fr. 80

Leçons d'analyse logique, par MM. Noel et Chapsal. 1 vol. in-12. 1 fr. 80

Traité (Nouveau) des participes, suivi de dictées progressives, par MM. Noel et Chapsal. 3 vol. in-12 qui se vendent séparément, savoir :

— Théorie des Participes. 1 vol. 2 fr.
— Exercices sur les Participes. 1 vol. 2 fr.
— Corrigé des exercices sur les Participes. 1 vol. 2 fr.

Syntaxe française, par M. Chapsal, à l'usage des classes supérieures. 1 vol. 2 fr. 75

Cours de Mythologie. 1 vol. in-12 2 fr.

Dictionnaire (Nouveau) de la langue française. 1 vol. in-8, grand papier. 8 fr.
— Cartonné en toile, 8 fr. 75 ; — relié en basane, 9 fr. 50

OUVRAGES DE MM. NOEL, FELLENS, PLANCHE ET CARPENTIER.

Grammaire latine (Nouvelle) sur un plan très-méthodique, par M. NOEL, inspecteur-général de l'Université, et M. FELLENS. Ouvrage adopté par l'Université. 1 fr. 80

Exercices (latins-français) par les mêmes. 1 fr. 80

Cours de thèmes pour les sixième, cinquième, quatrième, troisième et seconde classes, à l'usage des colléges, par M. PLANCHE, professeur de rhétorique au collège royal de Bourbon, et M. CARPENTIER. *Ouvrage recommandé pour les colléges par le Conseil de l'Université.* 2e édition, entièrement refondue et augmentée. 5 vol. in-12. 10 fr.

Avec les corrigés à l'usage des maîtres. 10 vol. 22 fr. 50

On vend séparément les volumes de chaque classe, ainsi que les corrigés correspondants :

Les thèmes, 2 fr.; les corrigés, 2 fr. 50.

Cours de thèmes pour la 7e et la 8e, par MM. NOEL et FELLENS. 1 vol. in-12. 1 fr. 50

Corrigés pour les 7e et 8e. 1 fr. 50

Grammaire française (Nouveaux éléments de la), par M. FELLENS. 1 vol. in-12. 1 fr. 25

OUVRAGES CLASSIQUES DIVERS.

Abrégé chronologique de l'Histoire de France, depuis les temps les plus anciens jusqu'à nos jours, par H. ENGELHARD, in-18, broché. 75 c.

Le même ouvrage, cartonné. 90 c.

Abrégé de la Grammaire latine, ou Méthode brévidoctive de prompt enseignement, par B. JULLIEN. 1 vol. in-12. 2 fr.

Abrégé de la Grammaire de Wailly. In-12. 75 c.

Abrégé de l'Histoire Sainte, avec des preuves de la religion, par demandes et par réponses, in-12. 60 c.

Abrégé d'Histoire universelle, par M. BOURGON, professeur de l'Académie de Besançon.

Première partie, comprenant l'histoire des Juifs, des Assyriens, des Perses, des Egyptiens et des Grecs, jusqu'à la mort d'Alexandre-le-Grand, avec des tableaux de synchronismes. 2e édition. 1 vol in-12. 2 fr.

— *Deuxième partie*, comprenant l'histoire des Romains, depuis la fondation de Rome, et celle de tous les peuples principaux, depuis la mort d'Alexandre-le-Grand jusqu'à l'avènement d'Auguste à l'empire. 1 vol. in-12. 3 fr. 50

— *Troisième partie*, comprenant un ABRÉGÉ DE L'HISTOIRE DE L'EMPIRE ROMAIN, depuis sa fondation jusqu'à la prise de Constantinople. 1 vol. in-12. 2 fr. 50

— *Quatrième partie*, comprenant l'histoire des Gaulois, les Gallo-Romains, les Francs et les Français jusqu'à nos jours, avec des tableaux de synchronismes. 2 vol. in-12. 6 fr.

Abrégé du Cours de littérature de DE LA HARPE, publié par RÉNÉ PÉRIN. 2 vol. in-12. 3 fr.

Algèbre élémentaire, Théorique et Pratique, par M. JOUANNO. 1 vol. in-8. 3 fr. 50

Alphabet instructif pour apprendre facilement à lire à la jeunesse. 1 vol. in-8. Chaque exemplaire. 20 c.
La douzaine. 1 fr. 80

Animaux (Les) célèbres, anecdotes historiques sur les traits d'intelligence, d'adresse, de courage, de bonté, d'attachement, de reconnaissance, etc., des animaux de toute espèce, ornés de gravures, par A. ANTOINE. 2 vol. in-12. 2e édition. 3 fr.

Aquarelle (L'), ou les Fleurs peintes d'après la méthode de M. REDOUTÉ, par M. PASCAL, contenant des notions de botanique à l'usage des personnes qui peignent les fleurs, le dessin et la peinture d'après les modèles et la nature. In-4 orné de planches noires et coloriées. 4 fr. 50

Aquarelle-miniature perfectionnée, reflets métalliques et chatoyants, et peinture à l'huile sur velours, par M. SAINT-VICTOR. 1 vol. grand in-8, orné de 15 planches, dont 7 peintes à la main. 12 fr.

Aquarelle-miniature, Collection unique de 16 sujets peints à la main par le chevalier BEAUVALET DE SAINT-VICTOR, 8 livr. in-4, avec texte explicatif. 30 fr.

Arithmétique des demoiselles, ou Cours élémentaire d'arithmétique, en 12 leçons, par M. VANTENAC. In-12. 2 fr. 50

Cahier de questions pour le même ouvrage. 50 c.

Arithmétique des écoles primaires, en 22 leçons, par L.-J. GEORGE. In-8. 1 fr.

Art de broder, ou Recueil de modèles coloriés, à l'usage des demoiselles, par AUG. LEGRAND. 1 vol. obl. 3 fr. 50

Art de lever les plans, et Nouveau traité d'arpentage et de nivellement, par MASTAING. 1 vol. in-12. 4 fr.

Astronomie des demoiselles, ou Entretiens entre un frère et sa sœur, sur la mécanique céleste, par JAMES FERGUSSON et M. QUÉTRIN. 1 vol. in-12. 3 fr. 50

Astronomie illustrée, par ASA SMITH, revue par WAGNER, WUST et SARRUS. In-4 cartonné. 6 fr.

Atlas (Nouvel) national de la France, par départements, divisés en arrondissements et cantons, avec le tracé des routes impériales et départementales, des canaux, rivières, cours d'eau navigables, des chemins de fer construits et projetés, etc., dressé à l'échelle de 11,350,000, par CHARLES, géographe, avec des augmentations, par DARMET, chargé des travaux topographiques au ministère des affaires étrangères. In-folio, grand-raisin des Vosges.

Le *Nouvel atlas national* se compose de 80 planches (à cause de l'uniformité des échelles; sept feuilles contiennent deux départements).

Chaque carte séparée, en noir, 40 c.; en couleur, 60 c.

Beaux traits du jeune âge, par FRÉVILLE, 1 vol. in-12. 3 fr.

Chimie élémentaire, inorganique et organique, à l'usage des Ecoles et des Gens du monde, par E. BURNOUF. 1 gros vol. in-12. 3 fr.

Choix (Nouveau) d'anecdotes anciennes et modernes, tirées des meilleurs auteurs, contenant les faits les plus intéressants de l'histoire en général; les exploits des héros, traits d'esprit, saillies ingénieuses, bons mots, etc., etc. 5e édition, par madame CELNART. 4 vol. in-18, ornés de jolies vignettes. (*Même ouvrage que le* Manuel anecdotique. *Voyez* page 6.) 7 fr.

Ciceronis (M. T.) orator. Nova editio, ad usum scholarum. Tulli-Leucorum, in-18. 75 c.

Compositions mathématiques, ou Problèmes géométriques et trigonométriques, à l'usage des écoles. In-8, par ESCOUBÈS. 2 fr. 25

Cours de thèmes, pour l'enseignement de la traduction du français en allemand dans les collèges de France, renfermant un Guide de conversation, un Guide de correspondance, et des Thèmes pour les élèves des classes élémentaires supérieures, par M. Marcus. 1 vol. in-12. 4 fr.

— **Cours de Thèmes latins,** pour les classes de huitième et de septième, par M. Am. Scribe, ancien maître de pension. 1 vol. 2 fr. 50

Cours élémentaire d'Arpentage, à l'usage des écoles primaires, des collèges et des pensions, par M. Millot. 1 vol. in-12. 1 fr. 80

Dialogues anglais, ou Eléments de la Conversation anglaise, par Perrin. In-12. 1 fr. 25

Dialogues Moraux, Instructifs et Amusants, à l'usage de la jeunesse chrétienne. 1 vol. in-18. 1 fr.

Dictionnaire (Nouveau) de poche français-anglais et anglais-français, par Nugent; revu par L.-F. Fain. 2 vol. in-12 carré. 3 fr.

Éducation (De l') des Jeunes personnes, ou Indication de quelques améliorations importantes à introduire dans les pensionnats, par Mlle Faure. In-12. 1 fr. 50

Éléments (Premiers) d'arithmétique, suivis d'exemples raisonnés en forme d'anecdotes, à l'usage de la jeunesse, par un membre de l'Université. In-12. 1 fr. 50

Éléments de Grammaire hébraïque, par Hyman, in-8. Cartonné. (Edition allemande.) 6 fr. 50

Le même ouvrage, in-8. Cart. (Edit. française.) 4 fr. 50

Éléonore de Fioretti, ou Malheurs d'une jeune Romaine sous le pontificat de ***. 2 vol. in-12. 3 fr.

Enseignement (L'), par MM. Bernard-Jullien, docteur ès-lettres, licencié ès-sciences, et C. Hippeau, docteur ès-lettres, bachelier ès-sciences. Un gros vol. in-8 de 500 pages. 6 fr.

Essais de Géométrie appliquée, par P. Lepelletier. In-8. 4 fr.

Essai d'unité linguistique, par Bouzeran. In-8. 1 fr. 50

Essai sur l'analogie des langues, par Hennequin. 1 vol. in-8. 3 fr. 50

Essai sur la Grammaire du langage naturel des signes, à l'usage des Instituteurs de sourds-muets, avec planches et figures, par Rémi-Valade. In-8. 2 fr.

Etrennes de l'Enfance, petites lectures illustrées, à l'usage des Ecoles de Sourds-Muets et des Salles d'Asile, par M. Valade Gabel. 1 vol. 1 fr. 80

Études analytiques sur les diverses acceptions des mots français, par Mlle Faure. 1 vol. in-12. 2 fr. 50

Études littéraires, par A. HENNEQUIN. (Grammaire et Logique). 1 vol. in-12. 2 fr.

Exercices de Grammaire allemande (thèmes et versions), par STOEBER, 2 vol. in-12, cartonnés. 1 fr. 50

Exercices sur l'orthographe et la syntaxe, calqués sur toutes les régles de la grammaire classique, par VILLEROY. In-12. 1 fr. 25

Exposé élémentaire de la théorie des intégrales définies, par A. MEYER, professeur à l'Université de Liège. 1 vol. in-8. 10 fr.

(Publié dans les *Mémoires de la Société royale des Sciences de Liège*).

Fables de Fenélon. Edit. de Clermont. In-18. 50 c.

Fables de Lessing, adaptées à l'étude de la langue allemande dans les cinquième et quatrième classes des colléges de France, moyennant un Vocabulaire allemand-français, une Liste des formes irrégulières, l'indication de la construction, et les règles principales de la succession des mots, par MARCUS. 1 vol. in-12. 2 fr. 50

Géographie ancienne des états barbaresques, d'après l'allemand de MANNERT, par MM. MARCUS et DUESBERG. In-8. 10 fr.

Géographie classique, suivie d'un Dictionnaire explicatif des lieux principaux de la géographie ancienne, par VILLEROY. In-12. 1 fr. 25

Géographie des écoles, par M. HUOT, continuateur de la Géographie de MALTE-BRUN et GUIBAL, ancien élève de l'Ecole polytechnique. 1 gros volume in-12, avec Atlas in-4. 1 fr. 50

Géométrie perspective, avec ses applications à la recherche des ombres, par G.-H. DUFOUR, colonel du génie. In-8, avec un Atlas de 22 planches in-4. 4 fr.

Grammaire complète de la langue allemande, pour les élèves des classes supérieures des colléges de France, renfermant, *de plus que les autres grammaires*, un Traité complet de la succession des mots; un autre sur l'influence qu'elle a exercée sur l'emploi de l'indicatif, du subjonctif, de l'infinitif et des participes; un Vocabulaire français-allemand des conjonctions et des locutions conjonctives, par MARCUS. 1 vol. in-12, broché. 3 fr. 50

Grammaire française à l'usage des pensionnats de demoiselles, par Mme ROULLEAUX. In-12. 60 c.

Grammaire (Nouvelle) italienne, méthodique et raisonnée, par le comte DE FRANCOLINI. In-8. 7 fr. 50

Grammaire polyglotte, ou tableaux synoptiques comparés des langues française, allemande, anglaise, italienne, espagnole et hebraïque, par JOST. 1 vol. in-8. 5 fr.

Guide (Nouveau) des Mères de famille, ou Éducation physique, morale et intellectuelle de l'Enfance jusqu'à la 7e année, par le docteur MAIRE. In-8. 6 fr.

— **Grèce** (Histoire de la), depuis les premiers siècles jusqu'à l'établissement de la domination romaine, par M. MATTER, inspecteur-général de l'Université. 1 vol. 3 fr.

Histoire de la Sainte Bible, contenant le vieux et le nouveau Testament, par DE ROYAUMONT. Le Mans. 1 vol. in-12. 1 fr.

Imitation de Jésus-Christ, avec une Pratique et une Prière à la fin de chaque Chapitre; trad. par le P. GONNELIEU. 1 vol. in-18. 1 fr. 75

Jardin (Le) des racines grecques, recueillies par LANCELOT, et mises en vers par LE MAISTRE DE SACY, par C. BOBET. In-8. 5 fr.

Justini historiarum, ex Trogo Pompeio, libri XLIV. Accedunt excerptiones chronologicæ ad usum scholarum. Tulli-Leucorum. In 18. 1 fr. 50

Leçons élémentaires de Philosophie, destinées aux élèves de l'Université de France qui aspirent au grade de bachelier ès-lettres, par J.-S. FLOTTE. 5e édit., 3 vol. in-12. 4 fr.

Levées (Des) à vue, et du Dessin d'après nature, par M. LEBLANC. In-18, figures. 25 c.

Manuel des Instituteurs et des Inspecteurs d'écoles primaires, par ***. In-12. 2 fr. 50

Méthode américaine de Carstairs, ou l'Art d'écrire en peu de leçons par des moyens prompts et faciles. 1 Atlas in-8 oblong. 1 fr.

(*Même ouvrage que le* Manuel de Calligraphie. *V.* page 9.)

Méthode nouvelle pour le calcul des intérêts à tous les Taux, par PIJON. In-18. 1 fr. 50

Extrait du Manuel de Commerce, Banque et Change. *Voyez* page 12.

Méthode pour enseigner aux sourds-muets la langue française sans l'intermédiaire du langage des signes, à la portée des instituteurs, par M. VALADE-GABEL. 1 vol. grand in-8. 6 fr.

Miniature (Lettres sur la), par MANSION. 1 vol. in-12, avec figures. 4 fr.

Modèles de l'enfance, par l'abbé Th. PERRIN. 1 vol. in-32. 50 c.

Morale de l'enfance, ou Quatrains moraux à la portée des Enfants, et rangés par ordre méthodique, par M. le vicomte de MOREL-VINDÉ, pair de France et membre de l'Institut de France. 1 vol. in-18. (Adopté par la Société élémentaire, la Société des méthodes, etc.) 1 fr.

Le même, texte latin, trad. par M. VICTOR LECLERC. 1 vol. in-16. 1 fr.

Le même, latin-français en regard. 1 vol. in-16. 2 fr.

Morale (la) en Action, Choix de faits mémorables et d'Anecdotes instructives. 1 vol. in-12. 2 fr.

Notice sur la projection des Cartes géographiques, par E.-A. LEYMONNERYE. In-18, fig. 1 fr. 50

Œuvres de Virgile, traduction nouvelle, avec le texte en regard et des remarques, par MORIN. 3 vol. in-12. 4 fr.

BUCOLIQUES ET GÉORGIQUES. 1 vol. in-12. (*Séparément.*) 1 fr. 50

ÉNÉIDE. 2 vol. in-12. (*Séparément.*) 3 fr.

Parfait modèle (le), 1 vol. in-18. 1 fr.

Pensées et maximes de Fenélon. 2 vol. in-18, portrait. 3 fr.

— **de J.-J. Rousseau**. 2 vol. in-18, portrait. 3 fr.

— **de Voltaire**. 2 vol. in-18, portrait. 3 fr.

Principes de littérature, mis en harmonie avec la morale chrétienne, par J.-B. PÉRENNES. In-8. 5 fr.

Principes de ponctuation, fondés sur la nature du langage écrit, par M. FREY. (*Ouvrage approuvé par l'Université.*) 1 vol. in-12. 1 fr. 50

Principes généraux et raisonnés de la Grammaire française, par DE RESTAUT. In-12. 1 fr. 25

Principes raisonnés de la langue française, à l'usage des colléges, par MORIN. Nouv. éd. In-12. 1 fr. 20

Principes de la langue latine, suivant la méthode de Port-Royal, à l'usage des colléges, par MORIN. 1 vol. in-12. 1 fr. 25

Résumé des principes de rhétorique, par DE BLOCKHAUSEN. In-18. 75 c.

Rhétorique française, composée pour l'instruction de la jeunesse, par M. DOMAIRON. In-12. 3 fr.

Science des conjugaisons françaises, par J. RÉMY. 5e édition. 1 vol. in-12. 2 fr.

Science (La) enseignée par les jeux. Voyez *Manuel des Jeux*. 2 vol. in-18, page 19.

Selectæ e novo testamento historiæ ex Erasmo desumptæ. Tulli-Leucorum. In-18. 1 fr. 40

Tableaux de lecture destinés à l'enseignement mutuel et simultané, par Morin. 50 feuilles. 3 fr.

Tables synchronistiques de l'histoire universelle, ancienne et moderne, par Lamp et Engelhard. 1 vol. in-4, cartonné. 5 fr.

The elements of english conversation, by J. Perrin, in-12. 1 fr. 25

Traité d'arpentage et de nivellement, par Pouillet-Ducatez. 1 vol. in-8. 8 fr.

Traité d'Équitation sur des bases géométriques, par A.-C.-M. Parisot. 1 vol. in-8, contenant 74 fig. 10 fr.

Traité de Géodésie pratique, par Gorin. 1 vol. in-8. 2 fr. 50

Usage de la règle logarithmique, ou Règle-calcul. In-18. 25 c.

Véritable perfection du tricotage, br. in-12, par Gazybowska. 1 fr.

Voyages de Gulliver. 4 vol. in-18, fig. 2 fr.

OUVRAGES DIVERS.

Abus (Des) en Matière ecclésiastique, par M. Boyard. 1 vol. in-8. 2 fr. 50

Almanach encyclopédique, récréatif et populaire, pour 1866. 1 vol. in-16, grand-raisin, orné de jolies gravures. 50 c.

Les années 1840 à 1865 se vendent chacune 50 c.

Art de conserver et d'augmenter la beauté, corriger et déguiser les imperfections de la nature, par Lami. 2 vol. in-18, ornés de gravures. 3 fr.

Boucherie (Tableau figuratif des diverses *catégories* de la), in-plano, col. 75 c.

Carte topographique de l'île Ste-Hélène, In-plano. 1 fr. 50

La Chine, l'Opium et les Anglais. Documents historiques sur la compagnie anglaise des Indes-Orientales, sur le commerce de la Grande-Bretagne en Chine et sur les causes et évènements qui ont amené la guerre entre les deux nations, par M. Saurin. 1 vol. in-8 orné d'une carte géographique. 5 fr.

Clef (La) du droit pratique et de la rédaction des ventes et des baux, par M. J. Morin. 1 vol. in-12. 2 fr. 50

Code des Maîtres de poste, des Entrepreneurs de diligences et de roulage et des voituriers en général par terre et par eau, par A. Lanoe, avocat. 2 vol. in-8. 12 fr.

Cordon bleu (Le), Nouvelle cuisinière bourgeoise, rédigée et mise par ordre alphabétique, par Mlle Marguerite. 13e édition, augmentée de nouveaux menus appropriés aux diverses saisons de l'année, d'un ordre pour les services, de l'art de découper et de servir à table, d'un traité sur les vins et des soins à donner à la cave, etc., ornée d'un grand nombre de vignettes intercalées dans le texte. 1 vol. in-18 de 250 pages, gros caractères. 1 fr.

Curé (Le) instruit par l'expérience, ou Vingt ans de Ministère dans une paroisse de campagne, par l'abbé AGUETTAND. 2 vol. in-12. 5 fr.

Derniers moments de la Révolution de Pologne en 1831. Récit des évènements de l'époque, par JANOWSKI. 1 vol. 8°. 3 fr.

Histoire des légions polonaises en Italie, sous le commandement du général Dombrowski, par LÉONARD CHODZKO. 2 vol. in-8. 17 fr.

Histoire générale de Pologne, d'après les historiens polonais Naruszewicz, Albertrandy, Czacki, Lelewel, Bandtkie, Niemcewicz, Zielinski, Kollontay, Oginski, Chodzko, Podzaszynski, Mochnacki, et autres écrivains nationaux. 2 vol. in-8. 7 fr.

Histoire du prisonnier d'Etat connu sous le nom du *Masque de fer*, par G. AGAR ELLIS. 1 vol. in-8. 5 fr.

Le Livre utile à tout le monde, Tarifs d'une application facile : au calcul des eaux-de-vie, jusqu'à 300 fr. l'hectolitre ; au calcul des intérêts, depuis 1 jusqu'à 366 ; au cubage des bois équarris et en grume ; au métrage ou toisé, par F. BOUCHAUD-PRACEIQ. 1 vol. grand in-8. 3 fr. 50

Manuel de bibliographie universelle, par MM. F. DENIS, PINÇON et DE MARTONNE. 1 vol. grand in-8 à 3 colonnes, papier collé pour recevoir des notes. 25 fr.

— LE MÊME OUVRAGE, 3 vol. in-18. (*V.* page 8.) 20 fr.

— **des Docks, Warrants,** Ventes publiques, Comptes-courants, Chèques et virements, par M. A. SAUZEAU. 1 vol. in-18, raisin. 3 fr.

— **des Experts,** ou Traité des matières civiles, commerciales et administratives, donnant lieu à des expertises. 7e édition, par M. CH. VASSEROT, avocat à la Cour Impériale de Paris. 1 vol. in-8. 6 fr.

— **des Justices de paix,** ou Traité des fonctions et des attributions des Juges de paix, des Greffiers et Huissiers attachés à leur tribunal, avec des formules et des modèles de tous les actes qui dépendent de leur ministère, etc., par M. LEVASSEUR, ancien jurisconsulte, et M. BIRET. 1 gros vol. in-8. 6 fr.

— LE MÊME OUVRAGE, 1 vol. in-18. (*V.* page 19.) 3 fr. 50

— **des Maires,** Adjoints, Préfets, Conseillers de préfecture, généraux et municipaux, Juges de paix, Commissaires de police, Prêtres, Instituteurs, Pères de famille, etc., par M. BOYARD, ancien président à la Cour impériale de

Paris, et M. VASSEROT, ancien adjoint au maire de la ville de Poissy. 4e édition, 2 vol. in-8. 12 fr.

Voyez *Guide des Maires* ou *Manuel des officiers municipaux*, par M. CH. VASSEROT (page 20). 3 fr. 50

Manuel des Nourrices, par madame EL. CELNART. 1 vol. in-18. 1 fr. 50

— **des Sociétés de secours mutuels.** Broch. in-12. 50 c.

— **du Négociant,** dans ses rapports avec la douane, par M. BAUZON-MAGNIER, 1 vol. in-12. 4 fr.

— **du Système métrique,** ou Livre de réduction de toutes les mesures et monnaies des quatre parties du monde, par P.-L. LIONET. 1 vol. in-8. 5 fr.

Mémoires du comte de Grammont, par HAMILTON. 2 vol. in-32. 2 fr.

Mémoires récréatifs, scientifiques et anecdotiques du physicien-aéronaute ROBERTSON. 2 vol. in-8 ornés de vignettes. 12 fr.

Mémoire sur la guerre de 1809 en Allemagne, avec les opérations particulières des corps d'Italie, de Pologne, de Saxe, de Naples et de Walcheren, par le général PELET, d'après son journal fort détaillé de la campagne d'Allemagne, ses reconnaissances et ses divers travaux; la correspondance de Napoléon avec le major-général, les maréchaux, etc. 4 vol. in-8. 28 fr.

Ministre (Le) de Wakefield, traduit en français par M. AIGNAN, de l'Académie française. 1 vol. in-12, avec figures. 1 fr.

Notes sur les prisons de la Suisse et sur quelques-unes du continent de l'Europe; moyen de les améliorer, par FR. CUNNINGHAM et T.-F. BUXTON. 2e édition. 1 vol. in-8. 4 fr. 50

Recueil de procédés chimiques, utiles, instructifs et amusants. Br. in-8. 1 fr.

Recueil général et raisonné de la Jurisprudence et des attributions des *Justices de paix* en toutes matières, civiles, criminelles, de police, de commerce, d'octroi, de douanes, de brevets d'invention, contentieuses et non contentieuses, etc., par M. BIRET. 4e édition, 2 vol. in-8. 14 fr.

Récréations (Nouvelles) physiques et mathématiques, par GUYOT. 4 vol. in-8 rel., fig. col. 12 fr.

Roman comique, par SCARRON, nouv. édition revue et augmentée. 4 vol. in-12. 3 fr.

Sermons du père Lenfant, prédicateur du roi Louis XVI. 8 gros vol. in-12, avec portrait. 2e édit. 20 fr.

Suite au Mémorial de Sainte-Hélène. Observations critiques, anecdotes inédites pour servir de supplément et de correctif à cet ouvrage, 2e édition, ornée du portrait de Las-Cases. 1 vol. in-8°. 7 fr.

Tarif des prix comparatifs des anciennes et nouvelles mesures, suivi d'un abrégé de Géométrie graphique élémentaire, par Rousseaux. 1 vol. in-12. 2 fr. 50

Tenue des Livres (Nouv. méthode de), par Nicol. Br. in-8. 75 c.

Traité pratique des nouvelles mesures, par Lancelot. 1 vol. in-8. 4 fr.

Voyage médical autour du monde, exécuté sur la corvette du roi *la Coquille*, commandée par le capitaine Duperrey, pendant les années 1822, 1823, 1824 et 1825, suivi d'un Mémoire sur les Races humaines répandues dans l'Océanie, la Malaisie et l'Australie, par M. Lesson. 1 vol. in-8. 4 fr. 50

Voyage de découverte autour du monde, et à la recherche de La Pérouse, par M. J. Dumont D'Urville, capitaine de vaisseau, exécuté sous son commandement et par ordre du gouvernement, sur la corvette l'Astrolabe, pendant les années 1826 à 1829. 5 gros vol. in-8, ornés de vignettes sur bois, dessinées par MM. De Sainson et Tony Johannot, gravées par Porret, avec un Atlas contenant 20 planches ou cartes grand in-fol. 60 fr.

Cet important ouvrage, *qui a été exécuté par ordre du gouvernement sous le commandement de M. Dumont D'Urville et rédigé par lui, n'a rien de commun avec le voyage pittoresque publié sous sa direction.*

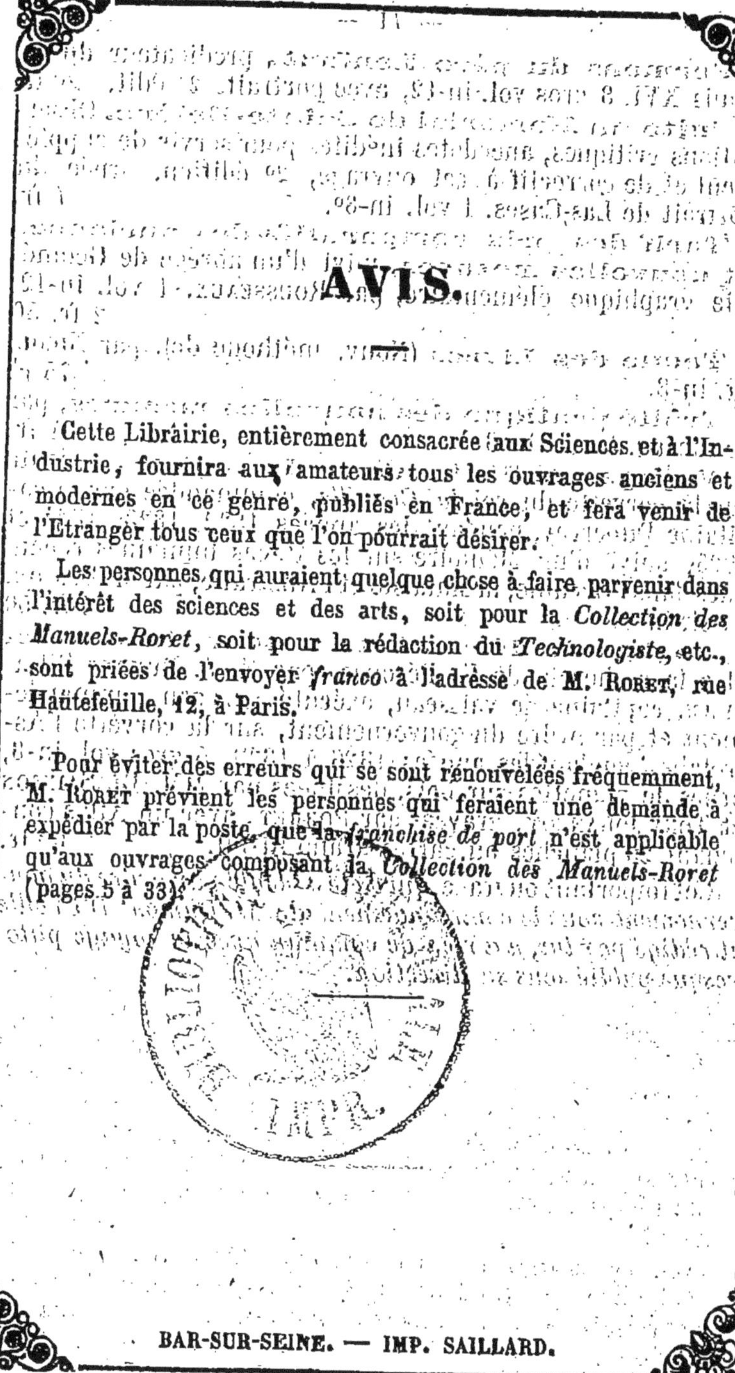

AVIS.

Cette Librairie, entièrement consacrée aux Sciences et à l'Industrie, fournira aux amateurs tous les ouvrages anciens et modernes en ce genre, publiés en France, et fera venir de l'Etranger tous ceux que l'on pourrait désirer.

Les personnes qui auraient quelque chose à faire parvenir dans l'intérêt des sciences et des arts, soit pour la *Collection des Manuels-Roret*, soit pour la rédaction du *Technologiste*, etc., sont priées de l'envoyer *franco* à l'adresse de M. Roret, rue Hautefeuille, 12, à Paris.

Pour éviter des erreurs qui se sont renouvelées fréquemment, M. Roret prévient les personnes qui feraient une demande à expédier par la poste, que la *franchise de port* n'est applicable qu'aux ouvrages composant la *Collection des Manuels-Roret* (pages 5 à 33).

BAR-SUR-SEINE. — IMP. SAILLARD.

Mais s'il y a eu quelque dissidence entre les zoologistes pour la place dans la série du type des Malacozoaires, il ne pouvait pas y en avoir pour la disposition générale à donner à ces animaux, du moins quand on les considérait complets et non par leurs coquilles seulement. En effet, depuis Poli, le fondateur des bases de la classification des animaux Mollusques (1), tout le monde a été d'accord de placer à la tête les Poulpes, division du genre *Sepia* de Linné,

---

(1) *Polius primus molluscorum classis verus fundator est censendus*, a dit Meckel (*De Pteropod. ordine*, p. 5, 1813).

EN VENTE A LA MÊME LIBRAIRIE.

MANUEL DE L'ÉCLAIRAGE ET DU CHAUFFAGE AU GAZ, ou traité élémentaire et pratique destiné aux Ingénieurs, aux Directeurs et aux Contre-Maîtres d'usines à gaz, mis à la portée de tout le monde, *suivi d'un Memento de l'Ingénieur-gazier*, par M. D. Magnier, 2 volumes accompagnés de 15 planches gravées sur acier, 6 fr.

SOUS PRESSE, POUR PARAITRE PROCHAINEMENT :

MANUEL DU FABRICANT DE COULEURS D'ANILINE, traitant de la fabrication et de l'emploi en teinture des couleurs extraites du goudron de houille.

MANUEL DU FABRICANT D'HUILES MINÉRALES, ou Traité des huiles d'éclairage, des huiles essentielles, lubréfiantes, et des divers produits secondaires obtenus des combustibles minéraux en général.

Imprimé par Charles Noblet, rue Soufflot, 18.

www.ingramcontent.com/pod-product-compliance
Ingram Content Group UK Ltd.
Pitfield, Milton Keynes, MK11 3LW, UK
UKHW021536260726
13993UKWH00002B/533

9 782019 980467